Hubert Fontaine
Jardinier et journaliste horticole

JE CRÉE MON POTAGER en 1 week-end

FIRST Editions

AVANT-PROPOS

Un potager ! Des années que vous en rêvez !

Vous en avez assez des légumes du supermarché, chers, peu goûteux, emballés, et qui ont l'air d'être en plastique... Vous rêvez de voir pousser vos propres cultures, de les bichonner, de proposer à votre famille salades, soupes et pommes frites du jardin, agrémentées de plantes aromatiques fraîchement cueillies au pied de votre maison...

C'est à votre portée !

Les projets les plus merveilleux paraissent inaccessibles quand on ne sait pas par quel bout commencer. Pourtant, ce n'est pas hors de votre portée ! Dans ce livre, vous trouverez tout ce dont vous avez besoin, et dans le bon ordre. En le suivant pas à pas, vous allez créer vous-même ce petit jardin d'abondance, source de loisirs en famille et de plaisir incomparable. Le tout pour un budget modique très vite compensé par les récoltes.

Rayer les fruits, légumes et autres plantes aromatiques de votre liste de courses fera un bien fou à votre porte-monnaie. Peu importe la taille de votre terrain : de quelques mètres-carrés à plusieurs centaines, les légumes seront au rendez-vous. Cerise sur le gâteau, vous allez cultiver votre lopin sans le polluer avec des poisons chimiques.
Rien de compliqué, rien d'irréalisable : juste une méthode bien construite pour réaliser votre rêve et voir dans quelques jours les premiers fruits et légumes se développer. Vous serez surpris des résultats qu'on peut obtenir en un temps record !

Bientôt la première récolte

Il ne s'agit pas de vous lancer dans l'agriculture productive réclamant matériel, disponibilité et savoir-faire professionnel. Tout simplement, à l'issue de votre week-end, vous posséderez toutes les bases techniques et n'aurez plus qu'à attendre votre première récolte d'ici quelques semaines.
Rapidement, vous aurez le coup de main. Vos astuces personnelles viendront s'ajouter aux nombreux conseils de pro dont ce livre fourmille. Par la suite, il n'appartiendra qu'à vous d'entretenir votre parcelle, de vous essayer à des techniques plus poussées et de tester les innombrables variétés de plantes que la nature a mises à notre disposition !

MODE D'EMPLOI

Ce livre a été conçu pour vous permettre de passer à l'action en ayant toutes les clés en main. Il fait de votre week-end un véritable projet que vous allez préparer avec soin, puis réaliser sans devoir vous interrompre parce qu'il vous manque du matériel ou que vous avez omis une étape préparatoire.

Il est structuré de façon très simple, autour de trois grandes parties :

1) Préparez votre week-end

Le choix de l'emplacement et du style de votre potager, les outils et fournitures indispensables à acheter (avec le budget qu'ils représentent), sans oublier la récup', les précautions élémentaires et bien sûr votre provision de graines en fonction de la saison. Cette partie est à lire avant d'entreprendre la création de votre potager. Ensuite, il ne vous reste plus qu'à faire vos courses et à fixer la date de votre week-end.

2) Votre week-end pas à pas

Vous entamez la lecture de cette partie le premier matin de votre week-end (par convention, nous nous sommes basés sur un week-end samedi-dimanche, mais, bien entendu, libre à vous de vous lancer à n'importe quel moment !).
Des principes de base et des objectifs aux semis et repiquage de toutes les plantes que vous dégusterez d'ici quelques semaines, cette partie vous conduira pas à pas dans la réalisation de votre projet en vous proposant les techniques les plus simples et les plus efficaces pour obtenir de beaux légumes, espèce à espèce.

3) Pour aller plus loin

Cette partie contient des informations qui vous serviront par la suite, pour l'entretien et la pérennisation de votre potager : calendrier de semis, techniques naturelles pour enrichir votre terre et créer votre compost. Vous y trouverez également des techniques plus pointues pour prendre de l'avance sur la saison des semis… et donc sur la récolte ! Enfin, des conseils qui vous seront utiles si vous vous heurtez à d'éventuelles difficultés : plantes chétives, invasions de mauvaises herbes ou de limaces…

PROGRAMME

PARTIE 1 — Préparez votre week-end

PARTIE 2 — Votre week-end pas à pas

PARTIE 3

Pour aller plus loin...

PARTiE 1

PRÉPAREZ VOTRE WEEK-END

Un projet réussi, c'est avant tout un projet bien préparé. Votre week-end de création d'un potager sera d'autant plus agréable que vous l'aurez organisé avec soin. Votre matériel sera prêt, aucun outil ne vous manquera au dernier moment. Vous aurez sous la main votre provision de graines – et les bonnes ! Enfin, vous aurez pris toutes les précautions nécessaires pour éviter les accidents, les bobos (y compris chez les enfants)… et les fâcheries avec les voisins !

1

Choisissez votre emplacement

2

Choisissez votre style de potager

3

Équipez-vous

4

Précautions à prendre

5

Faites votre provision de graines

1 CHOISISSEZ VOTRE EMPLACEMENT

Avez-vous une idée de l'endroit où vous souhaitez implanter votre potager ? Les quelques conseils qui suivent vous aideront à décider – ou à vous assurer que vous avez fait le bon choix.

Un espace dégagé.
Pour positionner votre potager, vous devez choisir un endroit suffisamment dégagé, qui profite de l'air et de la lumière.

Évitez l'ombre des arbres.
Si quelques arbres donnent une ombre partielle, l'emplacement s'avère encore efficace. En revanche, n'espérez pas de bons résultats si vous installez votre potager sous le feuillage d'un gros arbre, ni au pied de vos arbres fruitiers. Comme on dit dans le métier : on ne peut pas cultiver à la fois dessus et dessous.

Évitez les points bas et les emplacements trop souvent balayés par le vent.
Si le terrain est légèrement en pente, cela ne pose pas de problème du moment que cette pente est plutôt orientée au sud qu'au nord et bénéficie d'un maximum d'ensoleillement.

Une question d'ensoleillement.
Pour bénéficier du meilleur ensoleillement, il faut que la partie sud de votre potager soit dégagée. Observez l'ensoleillement de votre jardin au cours d'une journée complète (voire de plusieurs) et repérez les endroits les mieux baignés de soleil. Comptez un minimum de quatre heures d'ensoleillement par jour à partir du mois de mars et jusqu'en septembre. Les régions chaudes comme le Midi peuvent accepter davantage d'ombre, en été cela peut même être bénéfique. Dans le Nord, il faut davantage rechercher le soleil.

Pensez aux aspects pratiques.

Votre potager doit être proche de la maison, afin que vous puissiez vous y rendre en quelques pas, même sous la pluie et quand les casseroles sont sur le feu, pour cueillir une salade et quelques tiges aromatiques. S'il est trop loin, vous risquez de le négliger et vous manquerez le spectacle merveilleux des plantes qui poussent jour après jour. Lorsqu'il est bien entretenu, un potager est beau : rien ne vous empêche de le cultiver sous vos fenêtres.

Veillez à installer votre potager près d'un point d'eau (il y a généralement un robinet dans les jardins ou les garages, si ce n'est pas le cas vous ferez bien d'en faire installer un). Même un tuyau d'arrosage est pénible à déplacer sur une longue distance. Sans parler de l'arrosoir !

ASTUCE DE PRO

REPÉREZ LES ZONES CHAUDES DE VOTRE JARDIN PENDANT L'HIVER

Pendant l'hiver repérez dans votre jardin les zones où la neige ne tient pas. Les premières trouées qui apparaissent dans le manteau blanc signalent les endroits où la terre est plus chaude : des emplacements tout trouvés pour semer les premiers légumes dans les premiers jours encore frais du printemps.

2

CHOISISSEZ VOTRE STYLE DE POTAGER

Commencez par des choses simples en optant pour un aménagement standard en parcelles (ce qui n'exclut pas l'originalité en matière de dessin !) ou un potager en carrés.
Bien entendu, aucun choix n'est définitif, tout est susceptible d'évoluer ou d'être modifié par la suite.

Potager en parcelles

Les parcelles sont des espaces potagers aménagés à même un terrain défriché (c'est-à-dire nettoyé de toute végétation pour être cultivable), voire au milieu d'une pelouse. Vous pouvez leur donner la forme que vous souhaitez (carré, rectangle, mais aussi cercle, haricot...).
La création des parcelles consistera à les délimiter et à préparer la terre pour y semer vos légumes. Libre à vous de les agrandir par la suite, de les entourer de haies ou d'aménager des allées engazonnées, gravillonnées, dallées ou en caillebotis. Tout est possible, c'est avant tout une question de goût !

Potager en carrés

Aménager des carrés de potager consiste à surélever d'au moins 10 cm les espaces à cultiver en les enfermant dans des carrés formés de planches en bois ou en plastique, voire en maçonnerie ou en pierre. La plupart des légumes supportent parfaitement bien d'être cultivés sur un espace surélevé. Cela leur réussit même plutôt pas mal.
En général, on divise la surface du carré en compartiments où l'on répartit différentes cultures. Dans un carré de 1,20 m x

1,20 m, vous pouvez aménager neuf compartiments carrés de 40 cm de côté.

Les avantages du carré de potager

• **Surface et terrain.** Un carré de potager peut être installé sur une surface très limitée (une terrasse, par exemple). Si votre terrain est très imperméable ou de mauvaise qualité, les carrés offrent une solution facile pour cultiver des légumes sans trop d'efforts pour amender la terre : il suffit de remplir le carré avec un mélange de terre adapté à la culture.

• **Culture.** Surélever une parcelle de terre lui permet de se réchauffer et de sécher plus vite au sortir de la saison froide. Ce qui vous permettra d'ensemencer plus tôt et de faire durer la récolte. Vous aurez également un meilleur contrôle sur la composition de la terre et son humidité, et éviterez donc le gaspillage.

• **Confort.** Une parcelle surélevée vous offre un meilleur confort de travail lorsque vous vous agenouillez pour désherber, planter ou récolter. Votre dos et vos articulations vous remercieront. D'ailleurs, il n'y a aucun inconvénient à surélever davantage la parcelle, jusqu'à une hauteur de 40 ou même 60 cm ! Par ailleurs, comme vous ne marchez jamais sur la terre du potager, elle a moins tendance à se tasser et s'alourdir. C'est autant d'entretien d'économisé.

• **Esthétique.** Les carrés de potager sont du plus bel effet : ils permettent de circonscrire nettement les espaces cultivés et rythment agréablement l'espace d'un jardin. Entre les carrés, les allées peuvent être aménagées comme on le souhaite.

• **Possibilités d'extension.** Vous pouvez installer un premier carré pour démarrer modestement, puis en ajouter un second par la suite. Voire davantage !

ASTUCE DE PRO

DES CARRÉS PAS CARRÉS, C'EST POSSIBLE...

La forme carrée n'est pas une obligation ! Surtout si vous fabriquez vos coffrages vous-même. Vous pourrez très bien opter pour une forme rectangulaire ou losangée, ou n'importe quelle forme polygonale !

ATTENTION !

SELON LE CLIMAT DE VOTRE RÉGION...
Les carrés de potager ne sont pas recommandés dans toutes les régions ni sur tous les sols. En particulier, sous des climats secs ou venteux et sur des sols sablonneux, la terre sèche vite et risque de trop chauffer au plus fort de l'été, menaçant vos légumes.

Où installer les carrés ?

Les carrés de jardin s'installent partout : terrasse, parcelle de mauvaise qualité... La seule contrainte reste d'éviter l'ombre.

- **Vous pouvez les placer directement sur le gazon :** il suffira d'étendre au préalable une toile géotextile qui empêchera les herbes de pousser tout en laissant passer l'eau. On trouve les géotextiles en rouleaux dans les magasins de jardinage ou de bricolage. Ils sont respectueux de l'environnement.
- **Une autre méthode consiste à retirer le gazon avant de poser le carré :** c'est à cela que vous occuperez le début de votre week-end *(voir partie 2, Préparez votre terre).*
- **Les carrés peuvent donc être séparés par des allées de gazon.** Mais pourquoi ne pas imaginer des allées en caillebotis, en gravier voire dallées ?

Où acheter les carrés ?

Tous les spécialistes du jardin proposent des carrés de différentes dimensions, en kit ou repliés. Ils sont en bois ou en osier tressé. Les plus économiques sont en matériaux synthétiques qui permettent une utilisation prolongée.

- **Dimensions.** Les modèles standard mesurent 97 cm x 97 cm ou 120 cm x 120 cm pour une hauteur de 25 cm.
- **Prix.** Comptez entre 15 et 75 € selon le modèle choisi.

Comment les fabriquer soi-même ?

Réaliser vous-même vos carrés de jardin ne présente aucune difficulté. Ce sera une satisfaction supplémentaire ! C'est l'occasion d'utiliser des planches de récup' dont vous ne savez pas quoi faire. L'idéal, ce sont les planches en bois imputrescible (qui ne pourrit pas) comme le cèdre. Méfiez-vous des planches peintes ou traitées chimiquement. Les produits toxiques peuvent polluer votre terre et nuire à vos légumes.

• Si vous n'avez pas le nécessaire sous la main, vous pouvez acheter des planches de coffrage en sapin ou en peuplier. Très économiques, on les trouve chez les vendeurs de matériaux ou directement en scierie (environ 6 € la planche de 2,50 m de long). Leur durée de vie sera limitée à trois ou quatre ans, après quoi elles se dégraderont et il faudra les changer. Si vous désirez investir sur du long terme, procurez-vous des planches de terrasse en pin de plus de 20 mm d'épaisseur : leur durée de vie est de dix ans. Comptez entre 8 et 15 € la planche de 2,50 m de long.

• Vous pouvez acheter de grandes planches que vous scierez pour obtenir quatre planches de longueur égale, 1 m ou 1,20 m maximum pour un accès facile à tous les légumes. Vous pouvez les peindre avec une peinture adaptée pour créer des carrés colorés.

• Pour bien stabiliser votre installation, vous pouvez fixer les planches à des piquets plantés à chaque angle de votre carré. Mais ce n'est pas indispensable si les planches sont taillées pour s'emboîter ou si vous excavez la surface du sol jusqu'à une profondeur suffisante (au moins 10 cm) avant de remplir le carré de terre.

POINT BUDGET

☐ CARRÉ : **ENTRE 15 ET 75 €**
ou
☐ PLANCHES : **ENTRE 12 ET 30 €** POUR 2 PLANCHES DE 2,50 M DE LONG

En option :
☐ TOILE GÉOTEXTILE : **ENTRE 0,50 ET 1,50 €** LE MÈTRE CARRÉ
(exemple : pour un rouleau de 2 m x 25 m, comptez entre 25 et 75 €)

3 ÉQUIPEZ-VOUS

LES OUTILS INDISPENSABLES POUR DÉMARRER

Pour commencer votre potager, pas besoin d'un plein garage de matériel ! Avec quatre ou cinq outils bien choisis, vous serez paré. Par la suite, en fonction de vos préférences, vous vous doterez peu à peu de nouveaux outils.
On trouve des outils de jardinage chez de nombreuses enseignes (jardineries, spécialistes du bricolage, supermarchés…). Rien ne vous empêche de comparer les prix. Afin de vous faciliter la tâche, nous vous avons indiqué le prix indicatif de chaque outil vendu neuf : moins cher, vous risquez d'acheter de la camelote, et plus cher… c'est trop cher !

Une griffe

C'est le tout premier achat à faire. Vous pouvez vous passer d'à peu près tous les outils, sauf de celui-ci. Également appelée croc, fourche crochue, croc de jardin ou croc à fumier, la griffe ressemble à une fourche dont les trois ou quatre dents sont recourbées à angle droit.

À quoi ça sert ?

La griffe vous aide à accomplir les principales tâches du jardinage. Elle s'emploie pour retourner la terre sans se faire mal au dos. Elle vous sert à :

- **Émietter ou égaliser la terre avant le semis.**
- **Trier et retirer les cailloux.**
- **Désherber les jeunes herbes entre les légumes** (un seul coup de griffe suffit pour être tranquille pendant plusieurs semaines).
- **Extraire les racines indésirables** comme le chiendent et le liseron qui poussent entre vos rangs de légumes.

Lorsque la terre est humide et compacte, le passage de la griffe permet de redonner de la vigueur aux légumes et fleurs que vous cultivez. Si votre terre est argileuse et a tendance à coller lorsqu'elle est humide et à se solidifier lorsqu'elle est trop sèche, votre griffe vous sera souvent utile pour la décroûter.

Après une longue période humide, il arrive parfois que vous ne puissiez pas semer car la terre est trop fraîche et durcie. Dans ce cas, dès le premier rayon de soleil, un très léger coup de griffe sur un petit coin de votre potager, et une heure plus tard, vous ensemencez !

Comment la choisir ?

Bien que ce soit l'un de vos outils les plus importants, pas besoin d'acquérir une griffe de compétition. Choisissez-en une en acier et assurez-vous que la prise en main est bonne. Budget : environ 20 €.

Une houe

La houe est une grosse pioche munie d'une lame en acier aplatie. Elle ressemble à une hache dont le fer aurait pivoté à 90°. D'autres outils à main existent pour des usages semblables (binette, sarclette, serfouette), mais la houe est de loin la plus solide.

À quoi ça sert ?

Une houe bien affûtée vous servira à :

- **Biner** (émietter la terre en surface).
- **Sarcler** (se débarrasser des herbes nuisibles).
- **Émietter la terre en profondeur.**
- **Déraciner une souche.**
- **Planter, butter** (élever une petite butte autour du plant) **et récolter les pommes de terre.**
- **Décalotter le gazon**.
- **Creuser une petite tranchée**, par exemple pour irriguer.

Comment la choisir ?

La lame de la houe doit être en acier trempé. Méfiez-vous des premiers prix : une lame trop fine risque de se tordre au premier caillou. Budget : environ 20 €.

Une bêche plate

Il s'agit d'une lame en fer plat suffisamment tranchante pour pénétrer dans la terre. Elle est munie d'un manche solide en frêne ou en matériau composite (en général de la fibre de verre), avec de préférence une béquille en forme de T ou une poignée.

À quoi ça sert ?

La bêche, c'est l'outil à tout faire. Vous l'avez toujours à portée de main car elle peut être utile même là où on ne l'attend pas ! En principe, elle sert à retourner la surface du sol (jusqu'à une profondeur de 30 à 35 cm) pour enterrer les herbes. Mais on l'emploie aussi pour :

• **Arracher les légumes-racines** comme les carottes ou les navets, ainsi que les racines des endives ou les poireaux.

• **Entreprendre l'arrachage d'un arbuste** pour le transplanter ailleurs dans le jardin.

• **Décalotter une section de votre gazon** pour y installer une parcelle de potager.

La bêche est très utile pour remettre en forme les contours d'un massif ou de votre potager. En effet, en tranchant net le rebord du gazon, vous empêchez les herbes de ronger peu à peu sur la surface cultivée.

À l'occasion, la bêche se transforme en pelle pour transporter de la terre. Ou en marteau, lorsqu'il s'agit d'enfoncer un petit piquet (le cordeau, par exemple) ou un tuteur. Enfin, si vous avez un peu de mal à vous relever à la fin d'une longue journée de jardinage, votre bêche vous servira plus d'une fois de béquille...

Comment la choisir ?

Optez pour un louchet, c'est-à-dire une bêche à lame étroite et allongée, dont le manche se fixe dans une douille, en haut de la lame, évitant ainsi tout contact avec la terre et tout risque de pourrissement. Pour une solidité suffisante, la lame doit être en acier trempé, avec un plus si l'acier est poli : cela évitera que la terre n'y colle si elle est grasse et mouillée.

Évitez les modèles dont le manche est terminé par un pommeau. Ce type de bêche est peu pratique à l'usage : le manche a tendance à vous glisser des mains et vous perdez de la force. Gare aux courbatures et au mal de dos. Budget : environ 20 €.

BON À SAVOIR

FAUT-IL OU NON LABOURER SA TERRE ?

Depuis quelques années, une nouvelle technique agricole dite du « non-labour » a pris un certain essor. Elle consiste à labourer le sol sur une profondeur très faible, voire pas du tout, et de semer directement sur un terrain non travaillé. Sous certains climats, cela permet de limiter l'érosion et l'appauvrissement de la terre.
Cette méthode a séduit une fraction de jardiniers qui estiment contre nature le retournement du sol et l'enfouissement des matières organiques en profondeur. Elle nécessite d'aérer la terre en la soulevant sans la retourner, avec un outil spécifique à quatre ou cinq dents : la grelinette, ou biofourche. L'inconvénient : le coût d'achat de cet outil, qui dépasse généralement les 100 €.

BIEN CHOISIR SON MANCHE : TOUTE UNE AFFAIRE !

Lorsque vous achetez un outil comme une houe ou une bêche, la partie métallique de l'outil est certes essentielle, mais elle ne fait pas tout : le choix du manche est également de première importance.
S'il est trop fragile, il aura tôt fait de se briser. S'il est inadéquat, il va non seulement rendre vos gestes plus difficiles et fatigants, mais il risque également de vous gâcher le plaisir ! Un manche solide peut durer toute une vie : s'il est mal adapté, vous n'avez pas fini d'en souper...
Ainsi, avant de vous décider pour un outil, prenez-le bien en main. La sensation doit être agréable, comme une sorte de communion. Bien sûr, vous sentirez mieux les choses lorsque vous aurez acquis un peu d'expérience.
En principe, les manches sont en bois. Mais les fabricants spécialisés proposent désormais des manches composites de plus en plus performants.

QUEL MATÉRIAU CHOISIR ?

☐ **Manche en bois.**

Avantages :

• Peu coûteux.
• Facilement adaptable aux outils.
• Avec le temps, on s'y attache.

Inconvénient :

• Risque de se casser.

☐ **Manche en matériau composite.** En général en aluminium ou en polyamide renforcé fibre de verre.

Avantages :

- Légèreté. Contrairement aux manches en bois, les manches composites sont creux.
- Résistance.
- Confort du toucher. Certains modèles sont gainés d'une matière évoquant la texture du bois.
- Imputrescibilité. Les manches composites ne se dégradent pas avec le temps.
- Le matériau ne joue pas et ne sèche pas, contrairement au bois. Quelles que soient les conditions, la liaison entre la douille et le manche est permanente.

Inconvénients :

- Plus onéreux que les manches en bois.
- Ne s'adapte pas sur n'importe quel embout. Votre manche risque donc de devenir inutilisable sans pour autant être cassé.

MATÉRIEL D'OCCASION : LE BON MANCHE POUR LE BON OUTIL

Sur les brocantes et vide-greniers, vous trouverez de nombreux outils d'occasion. Souvent dépourvus de manche, ces objets présentent le charme et la solidité de l'ancien. Et en plus, ce n'est pas cher !

Il est donc tout à fait possible de décrocher la bonne affaire. Cependant, avant d'acheter, mieux vaut vous assurer (si c'est possible) que la douille ancienne pourra s'adapter sur un modèle de manche vendu actuellement. Autrefois, les outils étaient forgés de façon spécifique pour les travaux auxquels ils étaient destinés. Le manche était taillé et façonné pour une adaptation parfaite à l'emmanchure. C'était du sur-mesure, il n'y avait pas de norme !

QUE PENSER DES MANCHES UNIVERSELS ?

Depuis quelques années, certaines marques d'outillage de jardin proposent des gammes de douilles à adapter sur des manches universels. Le principe étant qu'avec un seul manche et une gamme de douilles, vous effectuez tous vos travaux de jardinage. C'est bien pensé, mais qu'en penser ?

En adoptant ce type de système, vous risquez de perdre l'un des aspects essentiels du jardinage : la dimension familiale. S'il n'y a qu'un seul manche, il n'y a que vous qui travaillez. Vous ne partagez avec personne (notamment pas les enfants) le plaisir du jardinage. À moins de posséder plusieurs manches universels... Ce qui revient au même que d'avoir des outils traditionnels.

Sans compter que les systèmes universels sont évidemment plus chers.

Un arrosoir

Il existe principalement deux styles d'arrosoirs :
• L'arrosoir anglais ressemble à un bidon muni de deux anses.
• L'arrosoir français est ovale et ne comporte qu'une seule anse.

À quoi ça sert ?

Grâce à l'arrosoir et à son bec verseur, vous dosez avec précision la quantité d'eau déversée aux légumes.

• **Le jet peut être copieux pour un arrosage abondant** (style grosse averse).

• **L'utilisation de la pomme permet un arrosage en pluie fine** (style bruine), plus délicat pour les jeunes semis.

Comment le choisir ?

Bien sûr, il existe toutes sortes de modèles, jusqu'aux plus design et aux plus chers. Quant à vous dire lequel choisir, eh bien, prenez celui qui vous paraîtra le plus joli ! Évitez tout de même de craquer pour un arrosoir fragile à l'usage ou que vous n'oserez pas poser dans la boue !

Le principal paramètre est la contenance, qui s'échelonne de un litre pour les plus petits arrosoirs à 13 litres ou plus pour les jardiniers costauds. Pour éviter les allers-retours incessants au robinet, une contenance de 11 litres est recommandée. Rappelez-vous que si vous avez mal au dos, vous n'êtes pas obligé de le remplir à ras bord. Budget : environ 10 €.

POINT BUDGET : VOS 4 OUTILS INDISPENSABLES

- ☐ GRIFFE OU CROC EN ACIER FORGÉ : ENVIRON 20 €
- ☐ HOUE OU PIOCHE : ENVIRON 20 €
- ☐ BÊCHE LOUCHET EN ACIER TREMPÉ : ENVIRON 20 €
- ☐ ARROSOIR 11 LITRES : ENVIRON 10 €

TOTAL : ENVIRON 70 €

LES OUTILS POUR L'ENTRETIEN DE VOTRE FUTUR POTAGER

Dès que vous aurez implanté votre potager, il faudra commencer à l'entretenir. Pour cela, vous aurez besoin au quotidien d'un petit nombre d'outils. N'hésitez donc pas à investir dès maintenant dans ces quelques éléments dont vous ne pourrez bientôt plus vous passer!
Ceci dit, si vous ne disposez que d'un espace restreint pour le rangement, vous pouvez fort bien attendre un peu et remettre ces achats à plus tard. Entre-temps, vous vous débrouillerez sans problème avec vos quatre outils "indispensables".

Une fourche bêche 4 dents

Cet outil omniprésent dans le quotidien de tout jardinier pourrait faire partie des indispensables. Cependant, si vous possédez déjà une bêche à lame, il est tout à fait possible de s'en passer dans les premiers temps.

À quoi ça sert ?

La fourche bêche à quatre dents est principalement utilisée pour ameublir les terrains lourds et argileux.
• **Elle permet de retourner une terre malgré l'humidité**, opération qui s'avère plus délicate avec une simple bêche.
• **En l'utilisant, vous ne coupez pas les racines des liserons**, dont l'extraction sera de ce fait plus facile.
• **En la plantant dans la terre, vous épargnez les vers de terre,** si indispensables à la vie du sol.

À l'occasion, la fourche bêche pourra vous servir de fourche pour transporter les grandes herbes.

Comment la choisir ?

Les dents doivent impérativement être en acier trempé, sans quoi elles risquent de se tordre. Avec votre fourche bêche vous allez entreprendre des sols lourds difficiles à travailler. Si elle est de mauvaise qualité, elle ne servira que très peu de temps.
Budget : environ 20 €.

ASTUCE DE PRO

UNE FOURCHE BÊCHE POUR LE NON-LABOUR
La fourche bêche peut être utilisée pour remplacer la grelinette ou la biofourche employées par les adeptes du non-labour. Avec un avantage considérable : un coût d'une vingtaine d'euros contre au moins 100 € pour une grelinette. L'utilisation à cet effet sera la même : il s'agira de soulever la terre sans la retourner, afin de l'aérer.

Une fourche à fumier 4 dents

La fourche à fumier ressemble à une fourche bêche dont les dents auraient poussé et se seraient allongées en s'affinant. Moins robuste que la première, elle permet néanmoins une utilisation plus souple.

À quoi ça sert ?

Comme son nom l'indique, la fourche à fumier sert à :
• **transporter la paille ou le fumier ;**
• **manipuler les grandes herbes et les fanes de légumes** (les tiges et les feuilles non comestibles) pour les mettre au compost.

La fourche à fumier peut être utilisée comme une fourche bêche. La finesse des dents facilite l'enfoncement de l'outil dans le sol, et donc le retournement de la terre (si toutefois votre terrain n'est pas trop difficile). Avantage non négligeable : elle exige moins de force et réduit le risque de vous faire mal au dos. Attention toutefois à rester bien droit pendant toute la manœuvre. Cela facilite encore le mouvement.

Comment la choisir ?

Comme pour les autres outils, les dents de la fourche à fumier doivent être en acier trempé pour ne pas se tordre à l'usage. C'est d'autant plus vrai qu'ici, les dents sont longues et fines, donc plus fragiles. Budget : environ 20 €.

Un râteau

À quoi ça sert ?

Si le râteau n'a pas été retenu dans notre liste des outils prioritaires, c'est parce qu'il a les défauts de ses qualités. Comme son nom l'indique, le râteau ratisse : il tire les petites mottes au bord du potager. Tandis qu'une griffe permet d'affiner la surface du sol sans laisser des monticules. Désolé de décevoir vos rêves de bac à sable, mais il faut le dire : vous pouvez allègrement vous passer de râteau pour entamer un potager !

Cependant, consolez-vous ! Si vous rêvez d'acheter un râteau, vous lui trouverez tout de même des tas de fonctions utiles (parfois un peu détournées, il est vrai) :

- **Utilisé avec le dos** (le manche à la verticale, les dents couchées contre la terre), **il est très efficace pour tasser un semis en douceur.** Il a l'avantage d'émietter les petites mottes sans plaquer la terre.
- **Le manche du râteau étant fin, il permet de tracer les sillons le long du cordeau.**

Comment le choisir ?

Le râteau est très présent dans les rayons jardinage. Vous devez donc redoubler de vigilance pour éviter de prendre un râteau ! Soyez attentif à la qualité, certains modèles sont tout juste bons à vous servir de déco. En deux temps trois mouvements, ils sont tordus.
Quant à la forme, plusieurs largeurs sont disponibles. À vous de choisir celle qui vous convient le mieux. Un râteau qui ratisse plus large permet de gagner du temps, mais il n'est pas toujours des plus maniables dans l'espace restreint d'un potager. Budget : environ 20 €.

ASTUCE DE PRO

ACHETER SON RÂTEAU DANS UN VIDE-GRENIER

On retrouve très souvent des râteaux dans les brocantes et les vide-greniers. Outre le plaisir qu'on y trouve, il est tout à fait pertinent d'acquérir un vieil outil ayant fait ses preuves. Des dents usées indiquent une bonne qualité : cela signifie que le râteau est solide et qu'il a beaucoup servi. N'y mettez toutefois pas plus de 5 €.

La plupart du temps, le râteau vous sera vendu sans manche. Pour peu que vous trouviez un manche adapté à la douille, vous réaliserez l'emmanchement très facilement, même si vous n'êtes pas bricoleur.

Une brouette

Dans un jardin, difficile de se passer d'une brouette. Il faut parfois un peu de temps pour apprivoiser ce genre d'engin : au départ, on a plus l'impression d'être piloté par lui que d'en être le pilote. Mais avec un peu de pratique, il vous rendra des services inestimables (et pas seulement pour offrir des tours de jardin aux enfants !).

À quoi ça sert ?

La brouette sert à transporter des charges lourdes ou encombrantes : cailloux, gravats, feuilles mortes, compost. Remplie de terre ou de sable, vous pouvez l'amener au bord d'un trou et y déverser tout le contenu d'un seul coup, ce qui vous économisera pas mal d'heures de pelletage.

Une souche ou un rocher à déplacer ? Des sacs de ciment? Des pavés ? La brouette vous fera gagner du temps et vous évitera de vous briser les reins.

Comment la choisir ?

Il existe deux grandes catégories de brouettes :

• **La brouette à une roue est plus maniable et passe partout.** L'inconvénient, c'est qu'il faut savoir garder son équilibre pour ne pas la renverser.

• **La brouette à deux roues supporte des charges plus lourdes.** Mais elle est moins maniable.

On trouve des brouettes à tous les prix, de l'entrée de gamme à l'engin spatial monté sur amortisseur. Sans aller dans les extrêmes, ayez à l'esprit que votre brouette vous suivra très longtemps dans vos divers travaux. Ce n'est pas le genre d'équipement qu'on remplace tous les trois ans comme un téléphone portable ! Budget : entre 25 et 100 €, voire plus selon les modèles.

Un tuyau d'arrosage

À quoi ça sert ?

À arroser les plantes, bien sûr, mais aussi à remplir un arrosoir, une cuve de réserve d'eau, ou à alimenter un arrosage au goutte-à-goutte.

ASTUCE DE PRO

UNE UTILISATION INATTENDUE DU TUYAU D'ARROSAGE

Un tuyau d'arrosage peut se révéler très utile lorsqu'il est débranché du robinet ! Comme vous le verrez dans la *partie 2, Préparez votre terre,* il peut servir de support pour tracer le contour d'un massif ou même délimiter votre potager et lui donner une forme originale.

Comment le choisir ?

• **Les tuyaux d'entrée de gamme** sont en plastique. Difficiles à manipuler (le tuyau se pince dès qu'on le déroule), leur durée de vie est très courte. Mieux vaut opter pour un matériel plus élaboré, en caoutchouc ou tressé et renforcé.

• **Plus le diamètre de votre tuyau est gros, plus son débit est important.** L'idéal est de se procurer un tuyau d'un diamètre situé entre 15 et 19 mm. Les tuyaux vendus en magasin font en général 20 ou 25 mètres, mais il en existe de plus longs. Certains magasins les vendent au mètre. Comptez environ 20 €.

• **Embout.** Si un tuyau seul peut faire l'affaire, vous gagnerez en confort et en efficacité en achetant également un embout d'arrosage (lance ou pistolet) à fixer à l'extrémité du tuyau et qui vous permet de régler le débit et la forme du jet. Il existe des embouts de tous les types (du bouchon en plastique au fusil d'assaut), et à tous les prix. Un modèle de base (entre 1 et 10 €) fera parfaitement l'affaire. Toutefois, si votre embout permet de fermer l'écoulement, vous éviterez de gaspiller de l'eau à chaque fois que vous faites le trajet entre le robinet et le potager (et retour).

• **Enrouleur.** Et si vous souhaitez que votre tuyau d'arrosage soit le plus discret possible et facile à ranger, vous pouvez investir dans un enrouleur (ou dévidoir). Comptez pour cela un budget d'une quarantaine d'euros.

BON À SAVOIR

N'OUBLIEZ PAS LES RACCORDS !

Pensez à acheter les raccords nécessaires pour relier votre tuyau à la robinetterie ! À ce niveau, pas besoin d'opter pour des éléments élaborés (et chers) en laiton. Les raccords de base en plastique sont suffisamment solides pour durer plusieurs années.

Pour être certain de ne pas vous tromper, vous pouvez opter pour un kit complet avec tuyau, raccords et lance d'arrosage.

ATTENTION !

LE TUYAU, UN CONFORT EMPOISONNÉ ?

Un tuyau d'arrosage, c'est pratique mais pas indispensable. À vrai dire, c'est même parfois un confort empoisonné.

• **Il peut être source de gaspillage.** Dites-le-vous bien : il ne suffit pas de laisser couler l'eau au bout du tuyau pour avoir de plus beaux légumes.

• **Arroser en plein soleil sur le feuillage avec une eau froide peut avoir des conséquences néfastes pour les plantes** : hydrocution, brûlure, maladie... Comme chez les humains, l'eau et le soleil ne font pas toujours bon ménage !

UN ARROSAGE AU GOUTTE-À-GOUTTE ?

De plus en plus de jardiniers ont recours à un système d'arrosage au goutte-à-goutte. Cette solution présente plusieurs avantages :

• **Économiser l'eau** qui est, on le sait, aussi rare que précieuse.

Quand vous arrosez vos légumes avec un arrosoir ou un tuyau d'arrosage, une partie de l'eau versée est absorbée par la terre et ne bénéficie pas à la plante. Avec un système de goutte-à-goutte, fini le gaspillage : la plante est alimentée en eau exactement selon ses besoins, ce qui est très bénéfique. On se rapproche de l'arrosage naturel par la pluie.

• **Économiser ses efforts :** finie, la corvée d'arrosage !

• **Un système de goutte-à-goutte peut être programmé.** Il suffit d'avoir recours à un programmateur de nez de robinet. Vous n'avez même plus besoin d'y penser !

☐ EN PRATIQUE : À travers votre potager, vous faites courir un tuyau relié au robinet. Au pied de chaque plante, vous installez un goutteur monté au bout d'un tuyau capillaire, lui-même relié au tuyau principal. Le goutteur s'adapte en fonction du besoin en eau de chaque légume.

☐ VARIANTE. Il existe un autre système très facile d'utilisation : le tuyau poreux. Vous le posez au pied des légumes gourmands en eau (tomates, poivrons, aubergines, concombres, melons, céleris…). Le tuyau suinte et apporte l'eau là où il en faut. Ce système peut être géré par un programmateur.

☐ MATÉRIEL. Un certain nombre d'éléments différents sont requis : goutteurs, jonctions, microtubes et autres gicleurs… Faites-vous conseiller en magasin par un professionnel. Des kits complets sont également en vente, à partir d'une cinquantaine d'euros.

☐ INSTALLER UN GOUTTE-À-GOUTTE DÈS MAINTENANT ? Vous pourrez parfaitement installer un goutte-à-goutte plus tard, sans déranger le moins du monde les plantes qui s'épanouissent dans votre potager. C'est pourquoi la meilleure solution est sans doute de s'en passer dans les premiers temps. Ne vous privez pas du plaisir d'arroser vous-même vos semis tout neufs !

POINT BUDGET : VOS 5 OUTILS D'ENTRETIEN

☐ FOURCHE BÊCHE 4 DENTS : ENVIRON 20 €
☐ FOURCHE À FUMIER 4 DENTS : ENVIRON 20 €
☐ RÂTEAU : ENVIRON 20 €
☐ BROUETTE : ENTRE 25 ET 100 €, VOIRE PLUS SELON LES MODÈLES
☐ TUYAU D'ARROSAGE : ENVIRON 20 €
- Raccord : entre 1 et 6 €
- Lance ou pistolet d'arrosage : entre 1 et 20 €

TOTAL : ENTRE 100 ET 200 €

DES OUTILS DE RÉCUP' À FABRIQUER SOI-MÊME

Les outils faits maison font partie des plaisirs du jardinage. Faciles à fabriquer et très utiles au quotidien, on goûte un bonheur particulier à les utiliser.
Voici donc quelques outils que vous pouvez acheter, mais aussi fabriquer dès maintenant en vue de votre week-end. Avec trois bouts de ficelle.

Un plantoir

Vendu dans le commerce, cet outil ressemble à un petit pistolet dont le canon serait en forme de carotte.

À quoi ça sert ?

Le plantoir est utilisé pour faire un trou dans la terre avant d'y semer une ou plusieurs graines ou d'y repiquer un jeune plant de légume. Vous l'utiliserez essentiellement pour repiquer les poireaux et les laitues en racine nue (c'est-à-dire dépourvue de motte).

Comment le fabriquer ?

Un simple morceau de bois solide suffit. Idéalement du noisetier (ou coudrier) dont vous choisissez un bout de branche situé au niveau d'une fourche. À l'aide d'un ciseau à bois ou d'un simple couteau, vous taillez le bout de bois pour lui donner la forme conique appropriée.

Un cordeau

Le cordeau est une petite corde que l'on tend entre deux points pour obtenir une ligne droite. Songez à l'expression « tiré au cordeau » qui signifie « de façon droite, nette et régulière ».

À quoi ça sert ?

• **À donner forme à votre potager** en traçant des lignes droites sur votre terrain.

• **À bien aligner vos plants et vos semis** en les positionnant le long de la ligne tracée par la ficelle. Vous créez ainsi des rayons droits et parallèles, aussi pratiques qu'esthétiques. Même si les légumes poussent ensuite comme ça leur plaît, vos plantations seront bien alignées et parallèles.

Comment le fabriquer ?

Jamais l'expression « bricoler avec des bouts de ficelle » n'aura été si exacte ! Pour fabriquer un cordeau, vous n'avez besoin que d'une ficelle souple (idéalement en nylon) et de deux bouts de bois droits de l'épaisseur d'un manche à balai et d'une longueur de 20 à 30 cm.

• **Taillez en pointe l'une des extrémités des bouts de bois.**
• **À l'autre extrémité, vous creusez une encoche tout autour du bâton** pour y attacher la ficelle.
• **Vous embobinez la ficelle autour d'un des bâtons**.

Pour utiliser votre cordeau, vous déroulez une longueur suffisante de ficelle pour planter vos deux piquets.

Une planche

Ayez toujours à portée de main une planche un peu large et solide. Vous n'imaginez pas combien elle vous sera utile.

À quoi ça sert ?

Lorsque le sol est humide, vous posez la planche et marchez dessus, ce qui répartit votre poids et évite de trop tasser la terre. Cela peut aussi vous éviter de vous crotter.
La planche est au jardin ce que le double décimètre est à la géométrie. Elle vous sert de guide pour tracer un sillon et mesurer les distances entre les rayons de légumes (c'est plus joli si c'est régulier). Vous l'utilisez constamment pour positionner vos semis.

Comment la fabriquer ?

Une belle planche de récup', solide et large, fera parfaitement l'affaire. Arrachez les vis et pointes qui peuvent encore en dépasser. Puis tracez-y des points de repère, par exemple tous les 25 cm. Vous pouvez même les matérialiser par des encoches.

Une règle de semis

Une astuce « maison » qui peut être bien utile ! Si l'occasion se présente, vous récupérez un piquet en fer de 2 mètres de long, profilé en équerre comme s'il avait été forgé contre l'angle d'un mur.

À quoi ça sert ?

Cet outil de récup' tout simple est un « deux en un » : il fait office à la fois de traceur et de cordeau. En le posant sur un sol meuble, vous tracez en un seul geste un sillon droit prêt à recevoir les graines .

AUTRES OUTILS, ACCESSOIRES ET FOURNITURES

Des outils de taillanderie pour couper et tailler

Si vous avez choisi d'installer votre potager sur une pelouse, vous n'aurez pas besoin d'outils pour tailler ou couper. Tout au plus utiliserez-vous au départ une cisaille à gazon qui vous permettra de couper l'herbe autour du potager.

En revanche, si votre futur potager est actuellement un terrain en friche occupé par les mauvaises herbes, les orties voire des haies, des buissons ou des arbustes, des outils comme le sécateur, l'ébrancheur, la scie et la hachette seront nécessaires *(voir partie 2, Préparez votre terre)*. Plutôt que de les acheter, songez à les emprunter si vous ne pensez pas en avoir besoin par la suite.

POINT BUDGET : S'ÉQUIPER POUR TAILLER ET DÉFRICHER

- ☐ SÉCATEUR : ENTRE 5 ET 35 €
- ☐ COUPE-SOUCHE ÉBRANCHEUR : ENTRE 15 ET 45 €
- ☐ SCIE : ENTRE 15 ET 30 €
- ☐ CISAILLE À GAZON : ENTRE 10 ET 20 €
- ☐ HACHETTE : ENTRE 15 ET 25 €

TOTAL : ENTRE 60 ET 155 €

Le petit outillage

Le petit outillage pourra vous être très utile pour passer entre les rangs de légumes ou les herbes aromatiques afin de désherber, planter ou ameublir la terre. Dans les magasins d'articles de jardin, vous trouverez un choix considérable de ce genre d'outils : transplantoirs, plantoirs, serfouettes, petites griffes, semoirs, mais aussi petits râteaux, petites bêches, etc.
Là encore, ce ne sont pas des outils indispensables, donc vous pouvez remettre leur achat à plus tard. Quoi qu'il en soit, vous aurez plaisir à utiliser ces outils qui vous permettront de travailler votre potager au plus près, agenouillé entre les plantes.

POINT BUDGET : LE PETIT OUTILLAGE (LISTE NON EXHAUSTIVE)

- ☐ TRANSPLANTOIR : ENTRE 3 ET 10 €
- ☐ PLANTOIR : ENTRE 3 ET 10 €
- ☐ PETITE GRIFFE : ENTRE 5 ET 10 €
- ☐ SERFOUETTE À MANCHE COURT : ENTRE 5 ET 10 €
- ☐ SEMOIR À GRAINES : ENVIRON 2 €

TOTAL : ENTRE 20 ET 50 €

ATTENTION !

LES OUTILS ET LES ENFANTS : DU BONHEUR, MAIS DES RISQUES

Le petit outillage, maniable et coloré, est très apprécié par les enfants. En leur mettant un plantoir ou une serfouette dans les mains, vous leur donnez de petites missions qu'ils sont fiers de remplir. Le jardinage devient une véritable activité familiale.
Cependant, les outils à main ne sont pas des jouets. Mal utilisés, ils peuvent être dangereux. Soyez très strict sur les consignes, en particulier s'il y a plusieurs enfants.

- **C'est vous qui distribuez les outils :** interdiction absolue de se disputer pour les avoir et de se les arracher des mains.
- **Un outil est fait pour une utilisation précise, et nulle autre.** Vous montrez le geste à accomplir : c'est le seul qui soit autorisé.
- **Un bon jardinier** (même un jardinier en herbe !) **ne laisse pas traîner ses outils :** ils se dégradent, on risque de les perdre ou de se blesser avec. Dès qu'on a fini d'utiliser un outil, il retourne dans le seau ou la brouette prévus à cet effet avant d'être nettoyé puis rangé.

BON À SAVOIR

PENSEZ À LOUER VOTRE MOTOBINEUSE !
Si le terrain sur lequel vous comptez installer votre potager est particulièrement difficile (terre compacte) ou très vaste, vous serez peut-être tenté d'économiser les efforts de sarclage (pour désherber) et de binage (pour ameublir la terre) en utilisant une motobineuse.
La motobineuse est une petite machine agricole pourvue d'un moteur électrique ou à essence, d'un guidon et de fraises, grâce à laquelle vous retournez la terre en un seul passage sur une profondeur suffisante. C'est en quelque sorte la version allégée, très pratique et maniable sur de petites surfaces, d'un véritable motoculteur.
Ce petit engin, qui tient dans le coffre d'un break, peut se louer à la journée ou à la demi-journée. Il suffit de s'y prendre suffisamment à l'avance (attention aux embouteillages chez les loueurs à l'arrivée du printemps !).
Pensez à solliciter vos amis et voisins : peut-être l'un d'eux en possède-t-il une qu'il se fera un plaisir d'utiliser avec vous ou de vous prêter.

Du terreau

Quelle que soit la qualité de votre terrain, il est bon d'avoir toujours un peu de terreau sous la main. Il vous servira à garnir la surface de votre potager, à constituer de petites mottes, en somme à créer un lit confortable et nourrissant pour accueillir vos graines.
Faites donc dès maintenant l'acquisition de quelques sacs de terreau universel (ou terreau horticole) et de terreau spécial semis.
Prix. Le terreau est vendu en sacs de 20 ou 40 litres. Pour 40 litres, comptez environ 10 € par sac. Évitez les premiers prix proposés en grande surface (environ 2,50 € le sac) : il s'agit bien souvent d'un terreau de mauvaise qualité, mélange de terres d'origine peu fiable. Pas besoin non plus d'aller dans le haut de gamme : les plantes savent se débrouiller avec ce qu'on leur donne.

Du voile de forçage

Le voile de forçage, également appelé voile d'hivernage, est une sorte de tissu synthétique, très léger, perméable à l'air, à l'eau

et à la lumière. On l'utilise pour protéger les jeunes plants à une époque où les gelées sont encore fréquentes ou à la fin de l'automne, quand le temps se rafraîchit, pour aider les légumes du potager à entrer dans la saison froide.
Installé par-dessus vos cultures, le voile de forçage résiste aux intempéries et ménage un effet de serre qui accélère la levée des semis. Il permet également d'éloigner certains parasites ainsi que les oiseaux, grands amateurs de graines fraîchement semées... Très léger, il faut parfois le fixer au sol ou le lester avec des cailloux ou des mottes pour éviter qu'il ne s'envole à la première bourrasque.
À moins que vous n'habitiez dans une région au climat particulièrement doux, il est bon d'avoir en réserve quelques rouleaux de voile d'hivernage.
Prix. Dans les jardineries, on trouve différents formats de voile ainsi que des densités variables, exprimées en grammes/mètre carré. Attention, les prix peuvent énormément varier d'un point de vente et d'un modèle à l'autre. Ils se situent en général entre 0,30 €/m² et 2 €/m²...

Engrais, terrines, paille, bâches, etc.

Selon la saison à laquelle vous souhaiter semer et la région que vous habitez, certaines techniques proposées dans ce livre vous permettront de gagner du temps et d'améliorer vos cultures. Elles feront appel à des accessoires divers qui ne sont pas indispensables mais peuvent vous faciliter la vie.
Ayez donc sous la main quelques pots, boîtes à couvercle et terrines vides, une ou deux bâches de plastique noir sur lesquelles vous installerez certaines cultures, ainsi que des sacs d'engrais biologique destiné aux tomates ou aux fraises. Gardez également en réserve vos tontes de gazon, de la paille ou des copeaux de bois qui vous serviront à pailler votre terre. Des sacs de paillis peuvent être achetés en jardinerie.

4

PRÉCAUTIONS À PRENDRE

Attention aux nuisances sonores

Rien de plus atroce que d'être réveillé par un bruit de tondeuse le dimanche à 8 heures du matin ! Songez-y lorsque vous vous attaquerez à votre potager. Vous entreprenez un week-end de gros travaux, mais de l'autre côté de la haie, les voisins ont peut-être envie de se reposer ! Prudence donc avec l'utilisation des débroussailleuses, scies électriques et autres motobineuses.

Dans la plupart des communes, les horaires autorisés pour l'utilisation des engins de jardinage bruyants sont les suivants :

- Les jours ouvrables de 8h30 à 12h et de 14h30 à 19h30.
- Les samedis de 9h à 12h et de 15h à 19h.
- Les dimanches et jours fériés de 10h à 12h.

Certaines municipalités ont pris des arrêtés spécifiques en matière de tapage diurne. Certaines ont par exemple interdit l'utilisation des machines de jardinage le dimanche. Si vous enfreignez ces réglementations, vous encourez des amendes.
Renseignez-vous avant de vous mettre tout le voisinage à dos !

Éviter les produits chimiques

Avant de vous précipiter pour acheter tout un tas de produits chimiques pour le jardinage, demandez-vous pourquoi vous souhaitez créer un potager. N'est-ce pas pour faire des économies et manger sainement ? Avec les produits chimiques, vous ne ferez ni l'un ni l'autre, mais vous contribuerez à la dégradation de votre propre environnement. Alors qu'il est si facile d'entretenir un potager avec des méthodes naturelles !

Alors, dites-le-vous bien :
- **Inutile de vous procurer des produits chimiques** pour désherber vos légumes ou plates-bandes.
- **Inutile de vouloir exterminer la faune de proximité** avec des insecticides.
- **Inutile d'engraisser votre terre avec des engrais chimiques.**

Vous trouverez dans ce livre toutes les informations utiles pour vous passer de ces potions miracles. Vous apprendrez à utiliser à bon escient des engrais organiques pour nourrir vos plantes, des produits naturels pour soigner vos légumes.
Et vous ne serez pas contraint de mettre sous clé tous ces produits dangereux pour vous et vos enfants !

Pour la sécurité de tous

Le jardinage n'est pas dangereux (il est beaucoup plus risqué de cuisiner !), du moment qu'on prend un minimum de précautions. Veillez à ne pas vous blesser ni blesser quelqu'un d'autre avec vos outils. Le potager doit être un plaisir zen, pas un sport extrême !

Gardez donc à l'esprit les conseils suivants :
- **Vérifiez toujours l'état de vos outils avant de les utiliser.** Un outil trop usé ou fissuré peut être dangereux. Il peut se briser ou rendre vos gestes approximatifs.
- **Portez toujours les protections nécessaires si vous utilisez des machines dangereuses (tronçonneuse, broyeur à végétaux...) :** gants, lunettes de protection, masque, etc. selon les recommandations des notices d'utilisation.
- **À chaque outil son geste :** apprenez-en le maniement exact et utilisez-le avec bon sens.
- **Évitez de détourner les outils de leur utilisation de base :** une serfouette n'est pas un marteau, une griffe n'est pas une tenaille.
- Quand vous utilisez les outils, **ayez conscience des personnes qui vous entourent et conservez une distance de sécurité** d'au moins 5 mètres, voire 10 avec les enfants. Soyez toujours calme et n'agissez pas avec précipitation.
- Ne prêtez jamais un outil **sans expliquer comment l'utiliser et les précautions à prendre.**

Comment faire avec les enfants ?

Les enfants adorent jardiner. Ils se défoulent, prennent l'air et découvrent la nature. Cela ajoute à votre plaisir.
Mais n'oubliez pas que pour eux, le jardin est un terrain de jeu. Gare aux disputes, aux bêtises et aux destructions ! Pour éviter les cris et les heurts, il peut être judicieux de leur réserver une parcelle où ils cultiveront leurs propres radis, salades et tomates cerise. Si vous leur prêtez vos outils, faites respecter des règles strictes. Cependant, il existe des outils adaptés aux enfants, multicolores et sans danger. Presque de vrais outils, mais de vrais jouets !

ATTENTION !

MÊME RANGÉ, VOTRE MATÉRIEL EST DANGEREUX

Ne négligez jamais les risques courus par les enfants avec vos outils et produits. Même rangés.

- **Enfermez les objets contondants et coupants** ainsi que les éventuels produits chimiques dans un endroit inaccessible pour eux.
- **Certains outils sont vendus avec des protections sur les parties tranchantes :** conservez-les et remettez-les sur les lames après chaque utilisation.
- **Évitez d'entreposer vos outils en équilibre ou en hauteur.** Songez que les outils à manche simplement alignés contre un mur peuvent leur tomber sur la tête ou qu'ils peuvent se prendre les pieds dedans.

Le plus sage sera donc peut-être de leur interdire l'accès à votre remise si celle-ci n'est pas bien sécurisée.

Ranger et entretenir votre matériel

Les bons réflexes, il faut les acquérir tout de suite. Le rangement et l'entretien des outils, ça n'a l'air de rien, mais c'est essentiel pour qu'un projet ne se transforme pas rapidement en désastre.

- **Après chaque utilisation, nettoyez les outils à l'eau pour retirer la terre collée.** Puis rangez-les au sec et à l'abri du plein soleil.
- **Avant l'hiver, badigeonnez les parties métalliques avec de l'huile.** Ne frottez pas vos lames avec du papier de verre : l'abrasif rend l'outil collant à l'utilisation (surtout les bêches). Un simple coup de chiffon de laine est suffisant pour faire briller.

5

FAITES VOTRE PROVISION DE GRAINES

BON À SAVOIR

ON NE CRÉE GUÈRE UN POTAGER EN HIVER !

Ce n'est sans doute pas dans vos projets, mais autant le préciser : on démarre difficilement un potager au beau milieu de l'hiver ! Entre la fin novembre et les premiers beaux jours de mars, la nature dort. Certains légumes peuvent être récoltés (chou, endive, certaines salades...), mais pratiquement aucun ne peut être semé. Sans compter que vous vous casseriez le dos à essayer d'ameublir une terre durcie par le froid !

En hiver, c'est le temps qui travaille pour vous. Mieux vaudra donc patienter jusqu'à ce que les températures remontent. Cela vous donnera l'occasion de bien réfléchir à l'emplacement de votre potager en mesurant par exemple sa durée d'ensoleillement quotidienne. Et rien ne vous empêche, en attendant, de faire vos courses de graines !

Vous voici équipé, organisé, briefé. Il ne vous reste qu'à acheter vos graines ! Tout dépend de vos goûts, mais également de la saison. On ne plante pas les mêmes légumes en avril et en août.

C'est pourquoi nous avons établi la liste des achats de graines en fonction de la saison. Pour chaque période, vous trouverez :

- **La liste des graines indispensables pour débuter** (vendues en paquets de quelques grammes).
- **Une liste de plants à acheter en godets (pots en plastique) que vous implanterez directement sur votre parcelle** et qui vous permettront d'obtenir plus rapidement la première récolte.
- **D'autres idées si vous avez beaucoup de place ou que vous souhaitez aller plus loin :** légumes, fruits, bulbes, plantes aromatiques (graines ou plants selon les cas).

Pour vous permettre de contrôler votre budget, nous avons indiqué le prix indicatif de chaque article. Adaptez les quantités

selon la surface du potager que vous comptez créer : si votre lopin est petit, limitez les achats de plants à repiquer. Les graines posent moins problème, car elles se conservent plusieurs années.
Vous trouverez des explications plus détaillées sur chaque légume (notamment pour le choix des variétés) dans la *partie 2*.
À noter : à la saison suivante, il ne sera pas nécessaire d'acheter les autres graines de la liste. Vous pourrez vous contenter de compléter s'il vous reste de la place.
Enfin, selon la région que vous habitez, sachez qu'il faudra parfois adapter légèrement ces dates en fonction du froid.

BON À SAVOIR

COMMENT CONSERVER LES GRAINES ?
Stockez vos graines dans une pièce fraîche et sèche comme un garage, un abri de jardin ou un sous-sol. Bien entendu, elles ne doivent pas être exposées à l'humidité. Quant à la chaleur, elle n'entrave pas la conservation mais, en revanche, elle empêche la bonne germination au moment du semis. Ne stockez donc pas vos graines dans une resserre qui chauffe en été ni au-dessus d'un radiateur en hiver !

ASTUCE DE PRO

LA LEVÉE DE DORMANCE
Dans la semaine précédant les semis, placez vos graines au réfrigérateur. Pour germer, une graine a besoin d'une période froide avant la levée. Pour vos graines, ce coup de froid sera un coup de fouet. Le changement de température leur signalera le retour du printemps après l'hiver.

MARS
DÉBUT AVRIL

Graines et plants de début de printemps

LES GRAINES INDISPENSABLES POUR DÉBUTER (EN PAQUETS)

- ☐ RADIS DE 18 JOURS (18 jours environ entre le semis et la récolte) : 1,50 €
- ☐ CAROTTE : 1,50 €
- ☐ PERSIL : 1,50 €
- ☐ LAITUE POMMÉE : 1,50 €
- ☐ LAITUE BATAVIA : 1,50 €
- ☐ POIS NAIN : ENTRE 4,50 € ET 6 €

LES PLANTS À REPIQUER POUR AVANCER LA RÉCOLTE

- ☐ 12 LAITUES POMMÉES (barquette) : 2,59 €
- ☐ 12 BATAVIAS (barquette) : 3,49 €
- ☐ 6 CHOUX : 2,95 €

AUTRES GRAINES POUR PLUS DE VARIÉTÉ

- ☐ POIREAU : entre 1,95 € et 3,95 €
- ☐ BETTERAVE ROUGE : entre 1,50 € et 4,95 €
- ☐ MESCLUN : 3,95 €
- ☐ CHOUX : entre 1,95 € et 5,95 €
- ☐ ÉPINARD : entre 1,95 € et 5,95 €
- ☐ POIRÉE (BETTE À CARDE) : entre 1,95 € et 3,95 €
- ☐ NAVET : entre 1,50 € et 3,95 €

PETITS FRUITS, GRANDE GOURMANDISE (PLANTS)

- ☐ 6 FRAISIERS REMONTANTS : 4,95 €
- ☐ 6 FRAISIERS NON REMONTANTS : 4,95 €
- ☐ FRAMBOISIER EN POT 3 LITRES : 7 €
- ☐ GROSEILLIER EN POT : 7 €

LES BULBES ET TUBERCULES

- ☐ OIGNON 250 G : 2,50 €
- ☐ ÉCHALOTE 250 G : 3,95 €
- ☐ AIL 250 G : 3,25 €
- ☐ POMMES DE TERRE HÂTIVES 25 PLANTS : 7 €

LES PLANTES AROMATIQUES À SEMER (PAQUETS DE GRAINES)

- ☐ MÉLANGE AROMATIQUE (aneth, basilic, ciboulette, coriandre) : 4 €
- ☐ CERFEUIL : entre 1,50 € et 1,95 €
- ☐ ANETH : 3,95 €
- ☐ OSEILLE : 3,95 €
- ☐ PERSIL : entre 1,50 € et 4,95 €

LES PLANTES AROMATIQUES À REPIQUER (PLANTS)

- ☐ THYM : 2,69 €
- ☐ CIBOULETTE : 2,69 €
- ☐ ROMARIN : 2,69 €
- ☐ SARRIETTE : 2,69 €
- ☐ SAUGE : 2,69 €
- ☐ ESTRAGON : 2,69 €

Graines et plants de fin de printemps

LES GRAINES INDISPENSABLES POUR DÉBUTER (EN PAQUETS)

- ☐ RADIS DE 18 JOURS : 1,50 €
- ☐ CAROTTE : 1,50 €
- ☐ PERSIL : 1,50 €
- ☐ LAITUE POMMÉE : 1,50 €
- ☐ LAITUE BATAVIA : 1,50 €
- ☐ COURGETTE : 1,50 €
- ☐ CONCOMBRE : 2 €
- ☐ HARICOT : 5 €
- ☐ POIS NAIN : ENTRE 4,50 € ET 6 €

LES PLANTS À REPIQUER POUR AVANCER LA RÉCOLTE

- ☐ 12 LAITUES POMMÉES (barquette) : 2,59 €
- ☐ 12 BATAVIAS (barquette) : 3,49 €
- ☐ 6 CHOUX : 2,95 €
- ☐ 10 TOMATES (barquette) : 5,95 €
- ☐ 6 CÉLERIS-RAVES (barquette) : 1,95 €
- ☐ 2 CONCOMBRES : 0,85 €/PIÈCE
- ☐ 2 COURGES OU COURGETTES : 0,85 €/PIÈCE
- ☐ 2 MELONS : 0,85 €/PIÈCE
- ☐ 2 CORNICHONS : 0,85 €/PIÈCE
- ☐ 6 POIVRONS : 0,85 €/PIÈCE
- ☐ 6 AUBERGINES : 0,85 €/PIÈCE
- ☐ 50 POIREAUX D'ÉTÉ (botte) : 4,95 €

AUTRES GRAINES POUR PLUS DE VARIÉTÉ (EN PAQUETS)

- ☐ BETTERAVE ROUGE : entre 1,50 € et 4,95 €
- ☐ CÉLERI BRANCHE : entre 1,95 € et 3,95 €
- ☐ MESCLUN : 3,95 €
- ☐ FENOUIL : 3,95 €
- ☐ CHOUX : Entre 1,95 € et 5,95 €
- ☐ ÉPINARD : entre 1,95 € et 5,95 €
- ☐ POIRÉE (BETTE À CARDE) : entre 1,95 € et 3,95 €
- ☐ NAVET : entre 1,50 € et 3,95 €
- ☐ POTIRON OU POTIMARRON : entre 1,95 € et 3,95 €

PETITS FRUITS, GRANDE GOURMANDISE (PLANTS)

- ☐ 6 FRAISIERS REMONTANTS : 4,95 €
- ☐ 6 FRAISIERS NON REMONTANTS : 4,95 €
- ☐ FRAMBOISIER EN POT 3 LITRES : 7 €
- ☐ GROSEILLIER EN POT : 7 €

LES BULBES ET TUBERCULES

- ☐ OIGNON 250 G : 2,50 €
- ☐ ÉCHALOTE 250 G : 3,95 €
- ☐ AIL 250 G : 3,25 €
- ☐ POMMES DE TERRE CHARLOTTE 25 plants : 7 €

LES PLANTES AROMATIQUES À SEMER (PAQUETS DE GRAINES)

- ☐ MÉLANGE AROMATIQUE (aneth, basilic, ciboulette, coriandre) : 4 €
- ☐ BASILIC : ENTRE 1,95 € ET 3,95 €
- ☐ CERFEUIL : ENTRE 1,50 € ET 1,95 €
- ☐ ANETH : 3,95 €
- ☐ OSEILLE : 3,95 €
- ☐ PERSIL : ENTRE 1,50 € ET 4,95 €

LES PLANTES AROMATIQUES À REPIQUER (PLANTS)

- ☐ THYM : 2,69 €
- ☐ CIBOULETTE : 2,69 €
- ☐ ROMARIN : 2,69 €
- ☐ SARRIETTE : 2,69 €
- ☐ SAUGE : 2,69 €
- ☐ ESTRAGON : 2,69 €

JUIN
JUILLET

Graines et plants de début d'été

LES GRAINES INDISPENSABLES POUR DÉBUTER (EN PAQUETS)

- ☐ RADIS DE 18 JOURS : 1,50 €
- ☐ CAROTTE : 1,50 €
- ☐ PERSIL : 1,50 €
- ☐ LAITUE POMMÉE : 1,50 €
- ☐ LAITUE BATAVIA : 1,50 €
- ☐ CHICORÉE SCAROLE : 1,50 €
- ☐ COURGETTE : 1,50 €
- ☐ CONCOMBRE : 2 €
- ☐ HARICOT : 5 €

LES PLANTS À REPIQUER POUR AVANCER LA RÉCOLTE

- ☐ 12 LAITUES POMMÉES (barquette) : 2,59 €
- ☐ 12 BATAVIAS (barquette) : 3,49 €
- ☐ 6 CHOUX : 2,95 €
- ☐ 10 TOMATES (barquette) : 5,95 €
- ☐ 6 CÉLERIS-RAVES (barquette) : 1,95 €
- ☐ 2 CONCOMBRES : 0,85 €/PIÈCE
- ☐ 2 COURGES OU COURGETTES : 0,85 €/PIÈCE
- ☐ 2 MELONS : 0,85 €/PIÈCE
- ☐ 2 CORNICHONS : 0,85 €/PIÈCE
- ☐ 6 POIVRONS : 0,85 €/PIÈCE
- ☐ 6 AUBERGINES : 0,85 €/PIÈCE
- ☐ 50 POIREAUX D'AUTOMNE ET D'HIVER (botte) : 4,95 €

PETITS FRUITS, GRANDE GOURMANDISE (PLANTS)

- ☐ 6 FRAISIERS REMONTANTS : 4,95 €
- ☐ 6 FRAISIERS NON REMONTANTS : 4,95 €
- ☐ FRAMBOISIER EN POT 3 LITRES : 7 €
- ☐ GROSEILLIER EN POT : 7 €

LES PLANTES AROMATIQUES À REPIQUER (PLANTS)

- ☐ THYM : 2,69 €
- ☐ CIBOULETTE : 2,69 €
- ☐ ROMARIN : 2,69 €
- ☐ SARRIETTE : 2,69 €
- ☐ SAUGE : 2,69 €
- ☐ ESTRAGON : 2,69 €

AOÛT SEPTEMBRE

Graines et plants d'été

LES GRAINES INDISPENSABLES POUR DÉBUTER (EN PAQUETS)

- ☐ RADIS DE 18 JOURS : 1,50 €
- ☐ PERSIL : 1,50 €
- ☐ LAITUE POMMÉE : 1,50 €
- ☐ LAITUE BATAVIA : 1,50 €
- ☐ CHICORÉE SCAROLE : 1,50 €
- ☐ MÂCHE D'AUTOMNE GROSSE GRAINE : 1,50 €

LES PLANTS À REPIQUER POUR AVANCER LA RÉCOLTE

- ☐ 12 LAITUES POMMÉES (barquette) : 2,59 €
- ☐ 12 BATAVIAS (barquette) : 3,49 €
- ☐ 6 CHOUX : 2,95 €
- ☐ 12 CHICORÉES (barquette) : 2,59 €
- ☐ 50 POIREAUX D'ÉTÉ (botte) : 4,95 €

AUTRES GRAINES POUR PLUS DE VARIÉTÉ (EN PAQUETS)

- ☐ MESCLUN : 3,95 €
- ☐ CHOUX : ENTRE 1,95 € ET 5,95 €
- ☐ ÉPINARD : ENTRE 1,95 € ET 5,95 €
- ☐ NAVET : ENTRE 1,50 € ET 3,95 €
- ☐ RADIS CHINOIS : ENTRE 1,50 € ET 3,35 €

PETITS FRUITS, GRANDE GOURMANDISE (PLANTS)

- ☐ 6 FRAISIERS REMONTANTS : 4,95 €
- ☐ 6 FRAISIERS NON REMONTANTS : 4,95 €
- ☐ FRAMBOISIER EN POT 3 LITRES : 7 €
- ☐ GROSEILLIER EN POT : 7 €

LES PLANTES AROMATIQUES À REPIQUER (PLANTS)

- ☐ THYM : 2,69 €
- ☐ CIBOULETTE : 2,69 €
- ☐ ROMARIN : 2,69 €
- ☐ SARRIETTE : 2,69 €
- ☐ SAUGE : 2,69 €
- ☐ ESTRAGON : 2,69 €

OCTOBRE NOVEMBRE

Graines et plants d'automne

LES GRAINES INDISPENSABLES POUR DÉBUTER (EN PAQUETS)

- ☐ MÂCHE D'HIVER : 1,50 €
- ☐ LAITUE D'HIVER : 1,50 €
- ☐ ÉPINARD : ENTRE 1,95 € ET 5,95 €

PETITS FRUITS, GRANDE GOURMANDISE (PLANTS)

- ☐ 6 FRAISIERS REMONTANTS : 4,95 €
- ☐ 6 FRAISIERS NON REMONTANTS : 4,95 €
- ☐ FRAMBOISIER EN POT 3 LITRES : 7 €
- ☐ GROSEILLIER EN POT : 7 €

LES BULBES ET TUBERCULES

- ☐ ÉCHALOTE GRISE 250 G : 3,95 €
- ☐ AIL BLANC ET VIOLET 250 G : 3,25 €

LES PLANTES AROMATIQUES À REPIQUER (PLANTS)

- ☐ THYM : 2,69 €
- ☐ ROMARIN : 2,69 €
- ☐ SARRIETTE : 2,69 €
- ☐ SAUGE : 2,69 €

MÉMO

COMMENT LIRE UN PAQUET DE GRAINES ?

CÔTÉ FACE

- **Espèce :** Concombre
- **Variété :** Gynial Hybride F1

Cet élément vous donne le nom exact de la variété que vous allez cultiver, ce qui vous permettra de la retrouver à coup sûr dans l'avenir.

CÔTÉ REVERS

- **Poids net :** 1 g (environ 30 graines)
- **Référence :** 103758

Ce chiffre correspond à un numéro de lot. En cas de litige (mauvaise germination, erreur de variété...), les graines sont tracées et le semencier en retrouve l'origine (emballage, producteur...).

- **Date :** 07/2016

Passé la date indiquée, le pouvoir germinatif des graines diminue. Néanmoins, vous avez la possibilité de conserver vos graines plusieurs années de suite, à condition de les stocker dans un endroit frais et sec.

- **Semis :** Mars à juin

Cette mention indique à quelle période ces graines peuvent être semées.

- **Récolte :** Juillet à octobre

Vous récoltez les premiers concombres du début à la fin de la période indiquée.

- **Levée :** 6 jours
- **Température minimale :** 18 °C

Vos graines sortiront de terre en six jours, à condition que la température atteigne au moins 18 °C. En dessous, elles risquent de pourrir en terre et de ne jamais germer.

Sur les paquets de graines figurent également d'autres informations importantes.

- Le nombre de graines à semer dans chaque trou.
- L'écartement à prévoir entre les lignes de légumes.
- D'autres petits conseils d'entretien (arrosage, taille, récolte).

Même si votre paquet de graines est vide après le semis, nous vous conseillons de le conserver afin de pouvoir vous y référer si nécessaire.

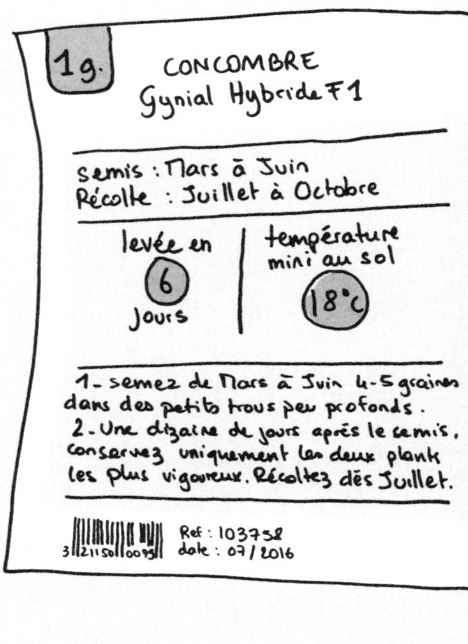

MA LISTE DE COURSES

MÉMO

À la veille de votre week-end, il est temps de faire le point et de vous assurer que rien ne vous manquera. Voici un petit récapitulatif pour ne rien oublier.

OUTILS INDISPENSABLES POUR DÉMARRER

- ☐ GRIFFE
- ☐ HOUE
- ☐ BÊCHE PLATE
- ☐ ARROSOIR

OUTILS D'ENTRETIEN

- ☐ FOURCHE BÊCHE
- ☐ FOURCHE À FUMIER
- ☐ RÂTEAU
- ☐ BROUETTE
- ☐ TUYAU D'ARROSAGE AVEC RACCORDS ET LANCE
- ☐ EN OPTION : SYSTÈME D'ARROSAGE AU GOUTTE-À-GOUTTE

OUTILS DE RÉCUP' À FABRIQUER SOI-MÊME

- ☐ PLANTOIR
- ☐ CORDEAU
- ☐ PLANCHE
- ☐ EN OPTION : RÈGLE DE SEMIS
- ☐ EN OPTION : ROULEAU

EN OPTION : AUTRES OUTILS

- ☐ PETIT OUTILLAGE
- ☐ OUTILS DE TAILLE ET DE DÉFRICHAGE
- ☐ MOTOBINEUSE (PRÊT OU LOCATION)

POUR LES CARRÉS DE POTAGER

- ☐ CARRÉS DE JARDIN VENDUS EN KIT OU PLANCHES POUR LES FABRIQUER
- ☐ MATÉRIEL DE BRICOLAGE
- ☐ EN OPTION : TOILE GÉOTEXTILE

- ☐ **PROVISION DE GRAINES**

DIVERS

- ☐ TERREAU
- ☐ ENGRAIS BIOLOGIQUES SPÉCIFIQUES (TOMATES ET FRAISIERS NOTAMMENT)
- ☐ VOILE D'HIVERNAGE
- ☐ BÂCHES DE PLASTIQUE NOIR
- ☐ TERRINES ET POTS DIVERS
- ☐ PAILLE, GAZON TONDU OU SACS DE PAILLIS

PARTIE 2

VOTRE WEEK-END PAS À PAS

Ça y est, le grand moment est venu ! Après avoir choisi l'emplacement de votre potager, après vous être équipé et approvisionné, vous allez enfin passer à l'action ! En deux jours, vous allez aménager, préparer votre lopin et y implanter les premières graines et plants. Ensuite, vous n'aurez plus qu'à l'entretenir et à le regarder se développer jour après jour.

Enfilez donc vos bottes en caoutchouc et votre tenue de jardinier. Direction : le jardin !

1 Dimensionnez et dessinez votre potager

2 Préparez votre terre

3 Organisez votre lopin

4 Des techniques que vous allez utiliser

5 Le grand moment : plantez, semez !

Les épices à bulbe

Les légumes-racines

Les légumes-feuilles

Les légumes-graines

Les légumes-fruits

Plantes et herbes aromatiques

MÉMO

QUELQUES PRINCIPES ET OBJECTIFS

- **Le potager, est-ce beaucoup de travail ?** Du printemps à l'été, comptez six heures de travail hebdomadaires. Le reste de l'année, le potager demande beaucoup moins d'attention.

- **Les légumes et les fleurs.** Les légumes se marient très bien avec les fleurs. N'hésitez pas à faire voisiner les uns et les autres dans votre jardin.

- **Les traitements ne sont pas obligatoires.** Oubliez les produits chimiques et leurs promesses mirifiques. Vous pouvez parfaitement avoir un potager sain et luxuriant en vous passant d'eux.

- **Échelonner vos semis.** En semant vos graines petit à petit, vous organisez votre culture pour récolter toute l'année des légumes frais, tendres et savoureux. Échelonner les semis présente également un autre avantage : vous évitez les surproductions, et donc le gaspillage.

- **Plusieurs récoltes par an.** Sur une même parcelle, on peut effectuer plusieurs récoltes au cours de l'année.

- **Rotation des cultures.** L'année prochaine, vous ne cultiverez pas les légumes au même endroit et repenserez l'organisation de votre potager. En effet, si vous replantez chaque année les légumes sur le même emplacement, ils poussent de moins en moins bien et risquent davantage d'attraper des maladies. Par ailleurs, la rotation des cultures est un moyen efficace de lutter contre certaines maladies : pendant plusieurs années, vous évitez de cultiver le légume qui a été malade (et ceux de la même famille) sur la parcelle contaminée.

Et maintenant, à vous de jouer !

1

DIMENSIONNEZ ET DESSINEZ VOTRE POTAGER

Pour obtenir une belle récolte au bout du compte, pas besoin de cultiver tout un champ ! Nous vous conseillons de commencer petit. Cela vous facilitera la tâche pour ce premier week-end. Demain, la terre doit être prête à accueillir les graines ! Rien ne vous empêchera d'agrandir par la suite votre potager. Pour récolter des légumes frais presque toute l'année, un minimum de 10 m² est suffisant. Soit par exemple un rectangle de 2,50 m x 4 m.

ASTUCE DE PRO

PENSEZ À PRÉVOIR ET DIMENSIONNER VOS ALLÉES

Pour évaluer la surface cultivable de votre lopin, pensez à tenir compte des allées qui sépareront les différentes parcelles et qui vous permettront de cueillir et ramasser les légumes à pied sec sans patauger dans le terrain. Ces allées pourront être engazonnées (d'autant plus facile si vous implantez votre potager directement sur une pelouse), gravillonnées, ou bien garnies d'un dallage en pierre reconstituée ou en caillebotis. Pour pouvoir atteindre les légumes sans mettre le pied dans la terre, vos parcelles ne doivent pas excéder 2 mètres de largeur.

Il y a mille et une façons d'organiser un potager. Les formes les plus classiques sont traversées par une allée centrale, les rangs de légumes étant cultivés perpendiculairement à cette allée. Cela dépend un peu de votre terrain et beaucoup de votre inspiration. Le rectangle n'est pas une obligation. Des courbes permettront d'intégrer harmonieusement votre potager dans un jardin d'agrément. Il deviendra élément de décor au même titre qu'un massif de fleurs. Si vous envisagez des courbes, les formes doivent être douces. Prenez le temps de tracer les contours de votre projet sur un papier, et consultez éventuellement votre famille pour recueillir les avis.

Voici quelques exemples de formes possibles.

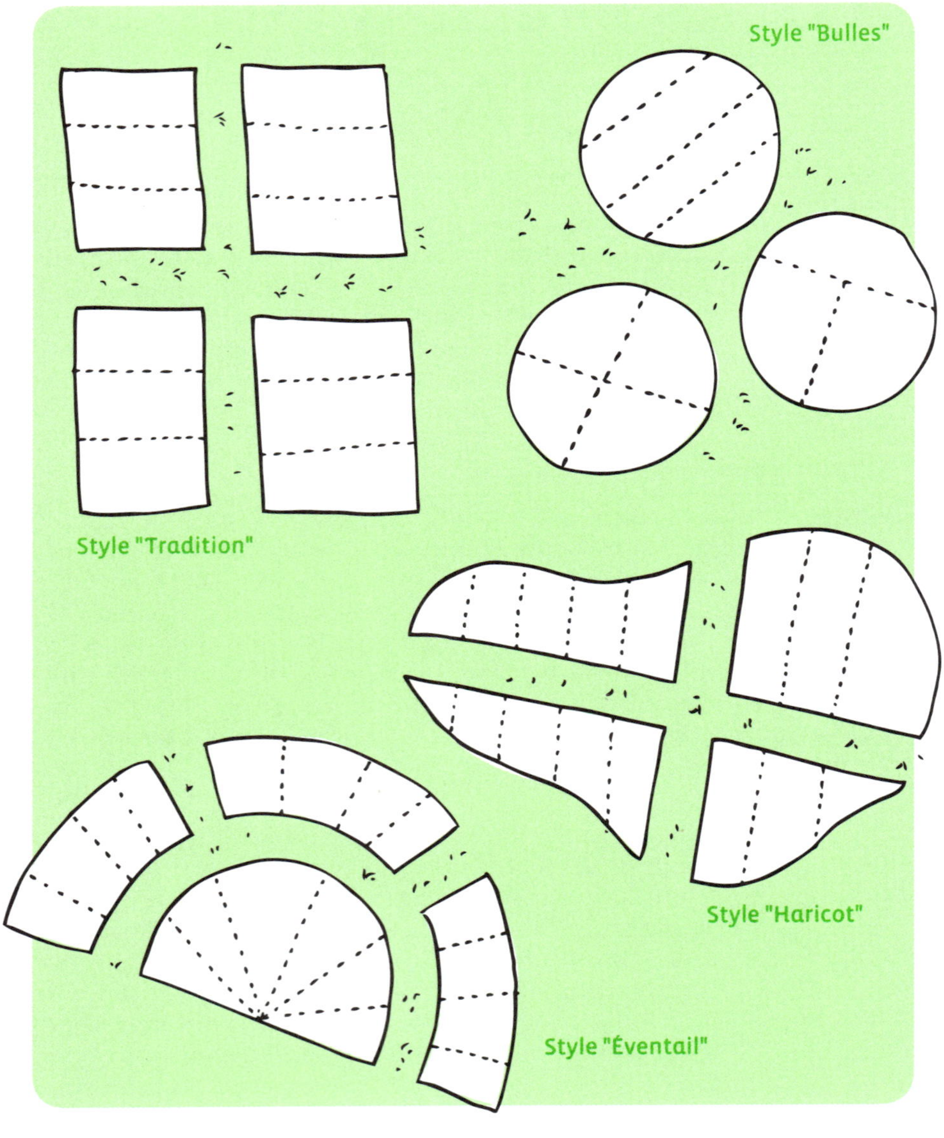

3

PRÉPARE Z VOTRE TERRE

Défricher un carré d'orties

Mauvaise herbe mais bon signe.
S'il y a des orties sur votre emplacement, réjouissez-vous ! Elles prospèrent dans les terres riches : c'est bon signe pour l'avenir du potager. Cependant, vous ne pouvez pas cultiver des légumes au milieu des orties. La concurrence est trop dure : si vous les laissez, les orties auront toujours le dessus.

Pas d'herbicides !
Surtout, ne vous laissez pas embobiner par l'achat d'un débroussaillant pour détruire les orties. Les désherbants sont très nocifs pour l'environnement. Pire, dans l'avenir, ils vont vous rendre votre travail plus difficile. Le sol restera ferme et il faudra davantage l'aérer. L'ortie a beau ne pas être bienvenue dans le potager, c'est une chance pour vous car elle va vous permettre d'enrichir votre terre.
L'arrachage des orties est une opération facile à réaliser avec une houe ou une pioche, un croc, ou même un sécateur ou un coupe-souche. Et bien sûr, une paire de gants !

Technique d'arrachage des orties.
• Enfoncez un croc dans les orties et tirez délicatement sur les racines entrelacées de couleur jaune. Si la terre n'est pas trop dure, vous extirpez les racines sans trop de difficulté, car elles courent en surface. En les crochetant petit à petit, vous en viendrez vite à bout. Tout comme le dessous des feuilles, les racines ne sont pas urticantes.
• Une fois l'arrachage terminé, ne soyez pas surpris du tas de racines que vous récupérez. Secouez la terre qui y reste accrochée : elle est très riche, il serait dommage de la perdre ! Ne jetez

pas les orties, car elles pourront servir à nourrir vos légumes *(voir partie 3, Nourrir la terre de votre potager).*

• Une fois cette tâche accomplie, votre terrain est pratiquement prêt à recevoir le potager. Il ne reste qu'à retirer les dernières petites racines jaunes et les cailloux. Ensuite, vous égalisez le sol avec le croc. Inutile de travailler la terre trop en profondeur, le meilleur est en surface.

SAMEDI

DIMANCHE

BON À SAVOIR

ET S'IL FAUT NETTOYER UNE VÉRITABLE FRICHE ?

Retirer un buisson d'orties dans un jardin qui n'a pas été entretenu est une affaire relativement simple. Il en va tout autrement s'il s'agit de transformer un terrain envahi de végétation en lopin cultivable. L'arrachage des ronces, épines, broussailles et arbustes en tout genre exigera un autre matériel et un autre investissement de temps. Même avec l'aide d'une tronçonneuse, d'un tracteur voire d'une mini-pelle, l'opération risque de prendre plusieurs jours pleins.

Si vous êtes dans ce cas de figure, il vous faudra sans doute consacrer un week-end entier au défrichage de votre terrain avant de songer à y implanter un potager.

Aménager son potager sur une pelouse

Il est assez facile et agréable d'aménager un potager sur un terrain déjà garni de pelouse. Il suffit de retirer le gazon aux endroits où vous allez faire pousser vos légumes. Avec le grand avantage de pouvoir laisser des bandes de pelouse qui vous serviront d'allées entre vos parcelles. Ce qui est aussi joli que facile d'entretien.

L'allée principale.

Commencez par calculer la largeur de l'allée principale. Comptez entre 80 cm et 1 mètre de large.

Ayez à l'idée que cette allée sera très fréquentée. Vous y passerez avec votre brouette ou la tondeuse, vous l'emprunterez pour venir cueillir vos légumes. Ce sera aussi un véritable boulevard pour toute la famille et votre chemin de promenade quand vous ferez visiter votre potager à vos amis.

Dans cette allée principale, vous devez donc pouvoir croiser quelqu'un ou faire passer une machine. Il faut qu'elle soit accueillante, une invitation au potager.

Pour prendre vos mesures, vous pouvez utiliser la planche de récup' que vous avez graduée vous-même pendant la préparation du week-end ainsi que le cordeau. Utilisez de petits outils ou des bâtons pour poser des repères.

Délimitez votre allée principale

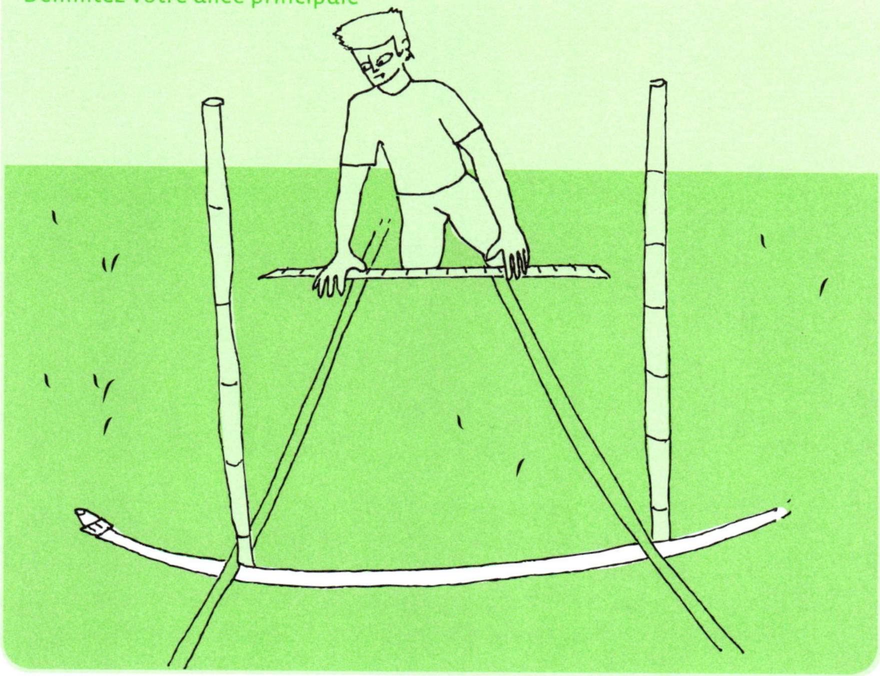

Délimitez votre potager.

Comme nous l'avons expliqué précédemment, la forme du potager est à votre libre appréciation. Pour tracer des lignes droites, utilisez votre cordeau. Pour les courbes, posez un tuyau d'arrosage sur le gazon. Il vous permettra de mieux vous représenter votre futur potager.

Une fois le potager et son allée principale délimités, pensez à faire de même pour les allées secondaires, perpendiculaires à l'allée principale par exemple. Pour que les cultures soient toutes accessibles à l'entretien et à la cueillette, n'oubliez pas que vos parcelles ne doivent pas excéder 2 mètres de largeur.

Délimitez votre potager

Découpez le gazon autour du potager.
À l'aide de votre bêche, découpez le gazon le long du tuyau ou du cordeau, sur une profondeur de 20 cm. Placez la bêche verticalement à l'endroit que vous souhaitez découper et enfoncez-la bien droite en appuyant dessus avec le pied. Grâce à cette technique, la découpe est propre et nette. C'est aussi ce qui fait que par la suite, le gazon ne risque pas de gagner sur le potager.
Une fois cette opération terminée, votre potager commence à apparaître sur la pelouse. Pour le moment, ce n'est qu'une forme matérialisée par la découpe que vous avez effectuée sur tout son pourtour. Le tracé des futures allées apparaît lui aussi.

Découpez le gazon le long des contours et des allées

Découpez le gazon par bandes de 20 cm.
À présent, vous allez découper le gazon en tranches, comme une tarte ! Les parts idéales mesurent environ 20 cm de large, ce qui équivaut à la largeur de la bêche.

Tranchez le gazon sur 5 cm d'épaisseur.
Cette étape est sans doute la plus pénible, car il faut se mettre à genoux pour trancher le gazon à l'horizontale. Le but est de soulever vos tranches de gazon du sol pour pouvoir ensuite les retirer. Inutile d'aller en profondeur, décalotter la pelouse sur une épaisseur de 5 cm est suffisant.
C'est exactement de cette manière qu'est fabriqué le gazon vendu en rouleaux ou en plaques.

Retirez le gazon par tranches de 20 cm de large.
Une fois vos « parts de tarte » bien découpées, il ne reste plus qu'à les retirer pour obtenir une terre nue.

Retirez le gazon par "tranches"

ASTUCE DE PRO

QUE FAIRE DE VOS PLAQUES DE GAZON ?
Avant de jeter vos calottes de gazon, songez qu'elles peuvent encore vous servir ! Par exemple, vous pouvez les employer pour reboucher des trous dans votre pelouse ou pour engazonner une allée (il suffira de les poser en couvrant toute la surface, comme si vous faisiez un puzzle ou de la mosaïque). Dans le jardin rien ne se perd, tout se récupère !

Crochetez la terre.

Si vous avez la chance de posséder une bonne terre, un simple coup de griffe va suffire pour l'adoucir. C'est dans ces moments-là que l'on apprécie d'avoir un outil de qualité : donner des coups de croc dans une terre encore compacte n'est pas de tout repos.

C'est pourquoi il est important qu'à ce stade, vous sachiez prendre votre temps et mesurer vos efforts. Voilà déjà plusieurs heures que vous travaillez et le week-end est loin d'être terminé. Ce n'est pas le moment de vous casser le dos. Ne lancez donc pas votre croc comme une brute ! Ouvrez votre terre par petites tranches, en répétant le geste plutôt que de forcer. Efforcez-vous de vous tenir droit et essayez de sentir votre dos et d'éviter les gestes qui vous font mal.

Si votre terre est particulièrement compacte et que vous avez loué ou emprunté une motobineuse, c'est le moment de la mettre en marche.

Crochetez la terre

SAMEDI DIMANCHE

BON À SAVOIR

RETIRER LES PIERRES ET LES DÉTRITUS DE VOTRE TERRE
Si votre terre contient des cailloux ou des détritus (morceaux de bois, restes de travaux de construction), c'est le moment de les retirer pour obtenir une terre parfaitement meuble, prête à accueillir vos semis.

Autres méthodes pour préparer votre terre

Bêcher à la main.
Une alternative au retrait du gazon par mottes. Le principe : avec votre bêche, vous retournez la pelouse motte à motte, en mettant le gazon au fond du sillon. Une fois encore, l'image de la tarte s'impose : il s'agit de la retourner, pâte en haut et fruits en bas.
Cette technique vous évite d'avoir à évacuer vos plaques de gazon, mais elle présente un inconvénient majeur : elle prend beaucoup plus de temps ! Pour retourner une surface de 10 m², il faut compter deux à trois fois plus de temps. Évitez donc d'entamer votre bêchage quand le soleil décline déjà : vous risqueriez de devoir laisser derrière vous un travail inachevé.
Si c'est la première fois que vous bêchez, méfiez-vous beaucoup de cette méthode assez brutale pour le dos. En principe, pour les débutants, on conseille d'éviter de bêcher pendant plus d'une heure... sous peine de lumbago !

Retourner le gazon au motoculteur.
Avec un motoculteur (ou une motobineuse), il y a deux façons de s'y prendre pour retourner un gazon.
• **1re technique.** Le principe du motoculteur est de mouliner le gazon avec la terre. Comme si vous faisiez du hachis Parmentier. Cette technique est sans doute la plus rapide pour retourner un gazon, mais malheureusement, l'herbe repoussera par la suite au milieu de vos légumes... Le temps que vous aurez gagné la première journée (environ 2 heures pour 10 m²), vous le perdrez dans les semaines à venir.
Une possibilité pour retarder la réapparition du gazon : avant de semer, vous retirez le gazon déchiqueté avec votre griffe.

• **2e technique.** Avec le motoculteur, vous grattez la surface du gazon, mais à la différence de la première méthode, en enfonçant à peine les fraises : le but, c'est de mélanger le moins possible l'herbe à la terre. Après un premier passage, vous retirez le gazon décollé à l'aide de votre griffe. Fraisez jusqu'à ce qu'il n'y ait plus de gazon. Une fois l'herbe retirée, vous repassez avec le motoculteur pour retourner la terre sur une profondeur de 15 à 20 cm, pas davantage.

Dans les deux cas, vous pouvez mettre le gazon sur votre tas de compost, avec les tontes fraîchement coupées *(voir partie 3, Démarrer un compost)*.

Implanter des carrés de jardin.

Si vous n'avez pas opté pour la méthode simple utilisant une toile géotextile *(voir partie 1, Choisissez votre style de potager)*, vous allez devoir ôter la pelouse avant d'implanter vos carrés.

Positionnez vos carrés de façon à pouvoir éventuellement en ajouter d'autres par la suite. Pensez à les écarter suffisamment pour pouvoir passer dans les allées avec votre tondeuse.

Selon la méthode décrite plus haut, découpez des carrés de gazon aux dimensions de vos coffrages. Ensuite, vous décalottez le gazon sur une dizaine de centimètres d'épaisseur. Entre les carrés, le gazon reste en place.

Une fois les carrés installés, vous les remplissez de terre et de terreau sur une épaisseur d'au moins 20 cm.

3

ORGANISEZ VOTRE LOPIN

À présent, votre potager est dessiné, délimité et la terre est prête à accueillir les semis ! Reste un petit effort de conception à faire : répartir les différentes cultures sur votre lopin. Une question simple mais un grand casse-tête, car certaines plantes ne font pas bon ménage lorsqu'elles sont cultivées côte à côte !

Nous sommes samedi soir et vous avez une grosse journée derrière vous. Achevez-la tranquillement en organisant vos futures cultures. Les derniers ajustements se feront cette nuit, dans votre tête, pendant que vous prendrez un repos bien mérité !
Pour aujourd'hui, vous en avez assez fait. Laissez tomber vos outils de jardinage et revenez vers des outils plus classiques : le papier de ce livre, un stylo et un crayon.

• Sur la page qui suit, recopiez le dessin de votre potager, allées comprises, à l'aide du crayon. Une fois que vous aurez obtenu des proportions exactes, vous pouvez repasser sur le crayon à l'aide du stylo : vous pourrez ensuite gommer à l'envi sans effacer le dessin.

• Découpez la surface cultivable de votre potager en mini-parcelles. La forme de ces mini-parcelles est évidemment à votre appréciation. À titre d'exemple, pour une parcelle carrée de 1,20 m x 1,20 m, on divise fréquemment chaque côté en quatre sections égales, ce qui fait douze carrés de 30 cm x 30 cm. N'hésitez pas à dessiner des parcelles longues où plusieurs rangs pourront s'épanouir.

Demain matin, avant de semer, vous pourrez matérialiser le découpage de votre lopin en traçant des lignes dans la terre à l'aide de votre cordeau et de votre bêche. Et si vous êtes particulièrement méticuleux, rien ne vous empêche de planter de petits bâtonnets dans la terre que vous relierez avec de la ficelle pour « enclore » les différentes parcelles.

MÉMO

LE PLAN PRÉVISIONNEL DE MON POTAGER

Les plantes qui font bon ménage... et celles qui ne s'entendent pas

Sur votre plan prévisionnel, vous allez à présent positionner dans les différentes parcelles les espèces que vous comptez cultiver. Étape délicate... Il faut tenir compte de plusieurs paramètres :

Pensez pratique.
Certaines herbes et certains légumes (salades) devront se trouver à proximité de l'entrée de votre maison et être accessibles : il faut que vous puissiez les cueillir par temps de pluie sans rentrer tout crotté, alors que les casseroles sont sur le feu.

Faire les bonnes associations.
Il faut savoir que certains légumes se détestent : si vous les associez sur deux parcelles mitoyennes, ils risquent de s'entretuer ! Inversement, certaines espèces adorent être cultivées côte à côte, car elles se rendent mutuellement service.
Le tableau page suivante vous aidera à apparier intelligemment vos légumes. En noir, les espèces qu'il ne faut pas cultiver côte à côte car elles se nuiraient les unes aux autres (dégagement de toxines, appauvrissement de la terre). En vert, celles qu'il est bon d'associer du fait de leur action réciproque bénéfique (protection contre les parasites).

Vous remarquerez que les choux ne vont pas avec les choux, ni les céleris avec les céleris. En réalité, ce sont les différentes variétés qui n'apprécient pas d'être cultivées côte à côte. Par exemple, si vous cultivez des choux de Bruxelles au voisinage des choux-fleurs, ils vont attraper une maladie, la piéride du chou. De même, les céleris-raves et les céleris branches ne se supportent pas : peut-être à cause des « céleris-raves parties » ?...

TABLEAU D'ASSOCIATION DE LÉGUMES

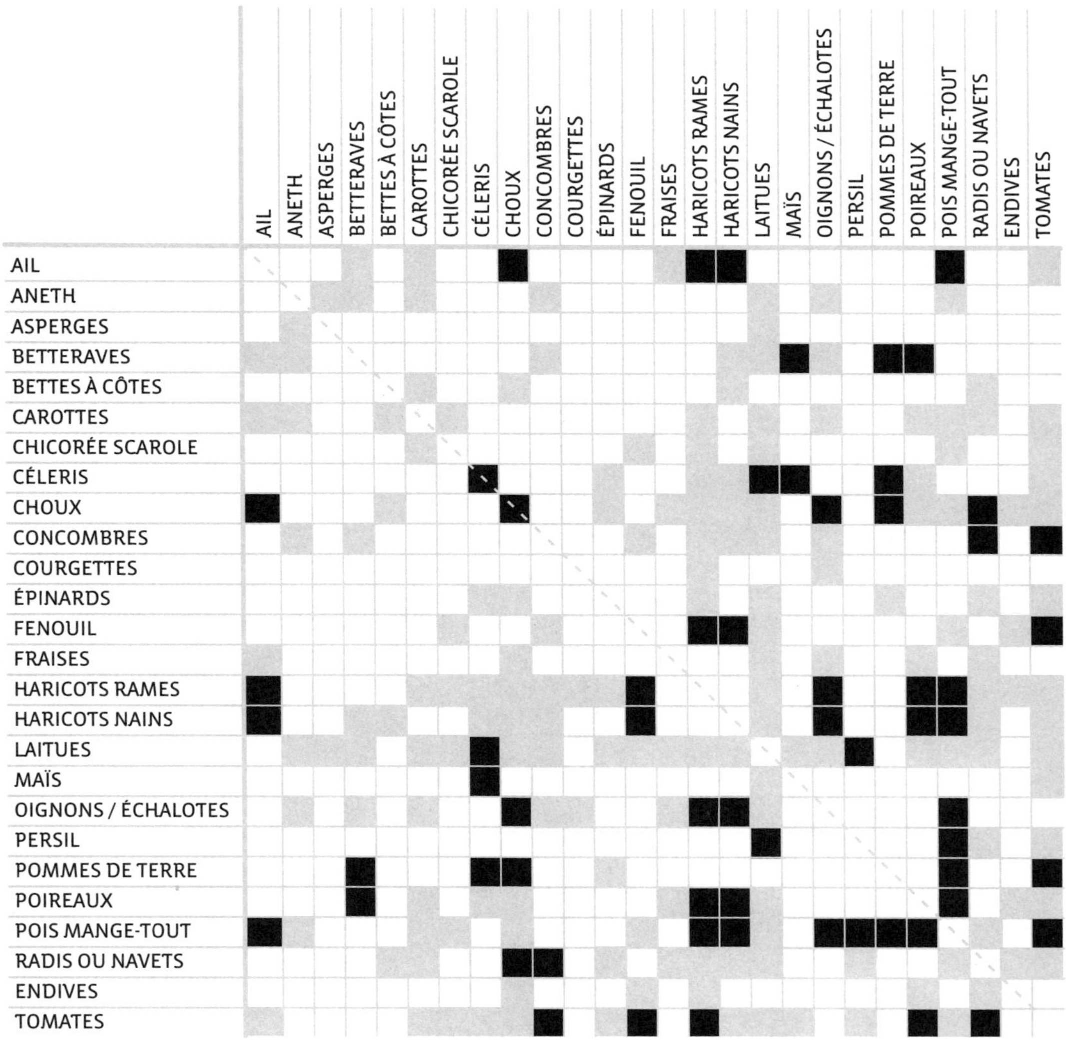

À présent, à vous de jouer… Et à demain !

SAMEDI

DIMANCHE

4 DES TECHNIQUES QUE VOUS ALLEZ UTILISER

Le monde du jardinage regorge de techniques de derrière les fagots. Chaque terroir a ses spécificités, chaque jardinier a ses astuces. Cependant, en maîtrisant ces quelques techniques de base, vous serez suffisamment armé pour entamer ce dimanche de plantations. Le reste viendra avec l'expérience !

Le semis en ligne

Le semis en ligne est la façon la plus classique et la plus pratique de semer. Vous tracez un sillon plus ou moins profond dans la terre, parfois vous créez une butte, puis vous déposez les graines à intervalles réguliers, variables en fonction des espèces. Les graines sont ensuite recouvertes et arrosées.

Le semis en poquet

Généralement utilisé pour les graines plus grosses, le semis en poquet consiste à creuser de petits trous régulièrement espacés, où l'on dépose trois à six graines avant de recouvrir et d'arroser. Après la levée, on ne conserve qu'un ou deux pieds par poquet.

Le semis à la volée

Le semis à la volée consiste à disperser les graines sur la terre en les espaçant le plus possible. Vous employez cette technique

pour certains types de graines, ou lorsque la terre est encore trop humide pour marcher dessus, ce qui rend difficile de tracer un sillon.
Le geste du semeur demande un peu d'habitude. Pour vous faciliter la tâche, vous pouvez mélanger du sable aux graines afin d'augmenter le volume des poignées.
Ensuite, selon les variétés semées, vous recouvrez de terre, vous tassez et vous arrosez.

Le repiquage d'une pousse de légume achetée en godet ou en motte

Acheter de jeunes pousses déjà levées pour les implanter dans votre potager vous permet de gagner du temps (la durée de culture est moins longue) et d'assurer une récolte suffisante.

Repiquer un plant acheté en godet.
Avant de dépoter la plante, assurez-vous de l'humidité du terreau. Ne retirez jamais le godet si la motte est sèche.
1 Faites tremper le godet dans une bassine d'eau. L'eau doit déborder au-dessus du godet. Attendez qu'il n'y ait plus de bulles qui s'échappent de la terre : cela signifie que la motte est suffisamment abreuvée. Il faudra parfois attendre quelques minutes, mais il est inutile de laisser tremper plus d'une heure, encore moins une nuit entière comme on l'entend parfois dire : les racines risquent de pourrir.
2 Une fois la terre trempée, appuyez sur le fond du pot pour déloger la motte. N'hésitez pas à couper les racines au ras du pot si elles dépassent et empêchent l'extraction de la motte.
3 Si la terre n'a pas été travaillée préalablement, remuez-la autour de la future plantation. Puis creusez-y un trou représentant deux à trois fois le volume du godet. Arrosez d'environ un litre d'eau, puis apportez une poignée de terreau au fond du trou.
4 Positionnez votre plant sans enterrer les feuilles puis rebouchez le trou avec la terre en tassant légèrement. Arrangez-vous pour laisser une petite cuvette tout autour du plant. Cela évitera le ruissellement, donc les déperditions, lors de l'arrosage.
5 Si le temps est sec et chaud, paillez *(voir plus loin)*.

SAMEDI

DIMANCHE

6 Pour terminer, arrosez une nouvelle fois en apportant à chaque plant environ un demi-litre d'eau.

Repiquer un plan acheté en motte.
Les plants en motte sont des pousses implantées dans de petits cubes de terre compressée, plus respectueux de l'environnement que les godets en plastique. Vous implantez directement la motte dans la terre après l'avoir fait tremper, comme pour les godets.

Et après...
Une fois repiquée la plante peut pratiquement se débrouiller seule. Il suffit de biner et sarcler autour du pied, et d'arroser de préférence le soir s'il fait chaud et le matin si les nuits sont fraîches.

Bien entendu, la technique du repiquage est la même lorsque vous transplantez des pousses que vous avez vous-même fait lever en godet *(voir partie 3, Techniques et matériel pour avancer la saison)*.

Le paillage

Un paillis est une couverture qui évite aux herbes indésirables de pousser entre vos rangs de légumes. Comme un chapeau de paille, il empêche le soleil de taper sur le sol, et de ce fait il conserve mieux l'humidité : en été, cela évite l'assèchement des plantes et vous fait économiser beaucoup d'eau.
Sur le long terme, le paillis nourrit les plantes en leur apportant de la matière organique.

Un paillis se réalise à base de détritus végétaux. Dans le jardin, utilisez les déchets verts issus de feuilles mortes, les tontes de pelouse sèches, les branchages et les tailles broyés.
Si vous habitez une région agricole, vous pouvez facilement vous procurer de la paille de blé ou d'orge. Chez les spécialistes du jardin, on trouve également des paillis conditionnés et compactés en sacs. Ils sont vendus sous des noms divers : paillette de lin, de chanvre, mulch de cacao, copeaux de bois...

LE GRAND MOMENT : PLANTEZ, SEMEZ !

Cette fois-ci, vous y êtes ! Il est temps d'aller chercher vos graines et vos jeunes pieds en pot pour les planter ! Vous trouverez ci-dessous des conseils de plantation catégorie par catégorie, espèce par espèce. Dans certains cas, plusieurs techniques sont possibles : choisissez celle qui vous convient le mieux, notamment en fonction de la saison.

Au fur et à mesure que vous effectuez vos semis, consignez-les dans le plan de potager et le tableau de cultures situés à la fin de cette partie. Ils vous permettront de savoir où vous avez planté quoi afin d'entretenir au mieux vos cultures. Une autre possibilité est de laisser sur chaque parcelle votre sachet de semis vide ou encore une étiquette. Procédez de même si vous faites des plantations en pot : d'ici quelques semaines, vous ne vous rappellerez pas forcément dans quel pot se trouvent quelles graines.

BON À SAVOIR

QUI SÈME MENU, RÉCOLTE DRU

La quantité de graines à semer sur une surface donnée varie d'un légume à l'autre. Le tableau qui suit reprend les espèces les plus couramment semées dans un potager familial. Vous remarquerez à quel point le nombre de graines au gramme et la durée de conservation peuvent varier d'une espèce à l'autre.

CARACTÉRISTIQUES DES GRAINES SELON LES ESPÈCES

Plante potagère	Nombre de graines au gramme	Durée de conservation	Quantité à semer/ repiquer au m²	Rendement au m²
BETTERAVE ROUGE	50	6 ans	5 g	2 à 3 kg
CAROTTE	700 à 1 000	4 ans	3 à 4 g	1 à 5 kg
CHICORÉE SCAROLE	600	2 ans	5 à 9 pieds	5 à 9 pieds
CHOUX POMMÉS	300 à 500	5 ans	3 à 5 pieds	3 à 5 pieds
CHOUX DE BRUXELLES	350	5 ans	2 à 3 pieds	800 g à 1,2 kg
CONCOMBRE	30 à 35	6 ans	1 pied	15 fruits par pied
COURGE ou COURGETTE	2 à 5	5 à 7 ans	1 pied	5 à 8 fruits par pied
ÉPINARD	90 à 100	5 ans	3 à 4 g	2 à 3 kg
FÈVE	2	6 ans	40 g	2 à 4 kg de gousses
HARICOT VERT	2 à 3	3 ans	20 à 30 g	8 kg de filet
HARICOT GRAIN	2 à 3	3 ans	20 à 30 g	100 à 500 g
LAITUE	800	5 ans	10 à 14 pieds	10 à 14 pieds
MÂCHE	600 à 1 000	5 à 10 ans	3 g	300 à 500 g
NAVET	450 à 750	5 ans	0,25 g	2 à 3 kg
OIGNON JAUNE	250	2 ans	2,5 g	3 kg
PERSIL	400 à 600	5 ans	3 à 4 g	Toute l'année selon les besoins
POIREAU	300 à 400	3 ans	5 g (pépinière)	5 kg
POIS	3	4 ans	20 g	300 à 500 g (écossés)
POTIRON	3	5 à 7 ans	1 plant (pour 2 m²)	3 à 5 fruits par pied
RADIS	120	5 ans	4 g	Environ 100 radis
TOMATE	300 à 400	4 ans	2 à 3 pieds	2 à 4 kg

Pour une utilisation plus aisée de ce livre, nous avons regroupé dans les chapitres qui suivent toutes les informations relatives à chaque plante. C'est donc ici que vous trouverez la ou les façons de faire, les dates de semis, mais également des conseils pour l'entretien et la récolte de chaque légume, les différentes variétés pour lesquelles vous pourrez opter par la suite, ainsi que des solutions maison à adopter en cas de maladie. Vous pourrez vous y référer à tout moment et tout au long de l'année sans avoir à chercher des informations dispersées dans tout le livre.

LES ÉPICES À BULBE

Ail

Plantation.

L'ail se plante dans une terre ressuyée (c'est-à-dire séchée) en lignes espacées de 25 cm, en posant un bulbe tous les 10 à 12 cm. Inutile de creuser un sillon : les gousses d'ail ne s'enterrent presque pas. Enfoncez le bulbe de 2 cm côté racine, la pointe en haut. Cette pointe doit toujours être visible. Trop enterré, l'ail pourrit. En terrain lourd, mieux vaut attendre le printemps pour tracer des lignes en butte, et planter l'ail en haut du monticule. L'arrosage n'est pas nécessaire après la plantation : l'ail se débrouille parfaitement tout seul !

Entretien.

Au bout d'une semaine, il arrive que les bulbes soient complètement sortis de terre et mis en vrac. Ne cherchez pas le responsable chez vos enfants, n'accusez pas non plus le chien : ce sont les vers de terre qui sont coupables ! Ils poussent les gousses hors du sol. Prenez cela comme une bonne nouvelle : cela signifie que votre terrain est drainé par des lombrics. En revanche, si vous laissez vos bulbes s'enraciner où ils sont, ce ne sera pas commode pour biner entre les rayons ! Repositionnez-les donc dans la ligne, et saupoudrez un peu de cendre de bois sur la parcelle pour éloigner les vers. Par la suite, le principal entretien consistera à griffer et biner entre les rangs jusqu'en juin, à l'époque où les feuilles commencent à se coucher et jaunir.

ASTUCE DE PRO

POUR UN AIL PLUS SAVOUREUX

Si les tiges d'ail restent debout, couchez les fanes sur le sol ou nouez-les pour concentrer la sève dans le bulbe. Si les bulbes sont trop enterrés, dégagez-les afin qu'ils soient bien apparents.

Récolte et conservation.

La récolte peut avoir lieu lorsque les fanes sont parfaitement jaunes. Arrachez les bulbes avec leurs fanes et laissez-les sécher sur le sol pendant deux à trois jours. Puis assemblez des bottes d'une dizaine d'aulx que vous suspendez au sec sous une avancée, un appentis par exemple. L'ail se conserve à l'extérieur.
Si vous n'avez pas la place, coupez les fanes et rangez les têtes d'ail dans des cagettes, sur une seule couche. Entreposez les cagettes dans une pièce fraîche, aérée et non chauffée (garage, sous-sol, abri de jardin...).

Différentes variétés.

• Plus rustique, l'ail blanc ou violet se plante à l'automne à partir du mois d'octobre, dans une terre légère et sans fumier.
• Dans les terrains plus humides, il est préférable d'attendre le printemps (entre les mois de février et d'avril) pour planter l'ail rose. Plus hâtif, il résiste mieux à l'humidité.

Les maladies possibles.

• **Pourriture blanche (Sclerotium cepivorum).**
Symptômes : Les gousses pourrissent et s'échauffent. Les feuilles jaunissent et se dessèchent. L'ail ne pousse plus et il n'y a plus de racines.
Ce champignon sévit dans une terre trop enrichie par du fumier frais, lourde et humide. Il peut se transmettre aux légumes de même famille (oignons, poireaux...).
Remède maison : Respectez une rotation de six ans avant de replanter des oignons ou des poireaux sur la parcelle. Saupoudrez des cendres de bois au moment de la plantation. Aérez la surface du sol avec une griffe.
• **Rouille (Puccinia allii)**
Symptômes : Les feuilles sont recouvertes de pustules poussiéreuses de couleur brune.
Remède maison : Pulvérisez une décoction de prêles.
• **Mouche (Phorbia antiqua)**
Symptômes : L'extrémité des feuilles jaunit puis se dessèche complètement. Des larves blanches rongent l'intérieur des tiges.
Remède maison : Détruisez les larves, une à une.
• **Anguillule (Ditylenchus dipsaci)**
Symptômes : Les feuilles sont boursouflées à la base.

Remède maison : Semez des œillets d'Inde entre les rangs.

• **Ver ou Teigne (Acrolepia assectella)**

Symptômes : Les feuilles sont rongées par des larves vert clair de 10 à 12 mm. Elles creusent des galeries du haut vers le bas.

Remède maison : Semez des carottes à côté de l'ail. L'odeur de la carotte éloigne la teigne.

SAMEDI

DIMANCHE

Oignon

Plantation de bulbes.

Les oignons sont vendus dans des filets sous forme de petits bulbes gros comme des noisettes plus ou moins allongées. La culture et l'entretien sont identiques à ceux de l'ail de printemps.

L'oignon apprécie une terre légère et ne craint pas le froid : vous pouvez planter les bulbes dès le mois de février et jusqu'en avril.

Entretien, récolte et conservation.

Comme pour l'ail, vous couchez les fanes sur le sol lorsqu'elles restent debout. La récolte commence quand les feuilles se mettent à jaunir. Une fois arrachés, laissez reposer les oignons plusieurs jours sur la terre, même s'il pleut. Ils se conserveront mieux pendant l'hiver. Si le sol est humide en fin de culture, soulevez légèrement les bulbes pour éviter la pourriture.

Les oignons se conservent dans un local aéré, ventilé et à l'abri des fortes gelées.

Oignons de semis.

Vous semez les graines noires des oignons au printemps et vous récoltez les bulbes en fin été. Le semis en ligne se fait à partir de février lorsque la terre est sèche. La terre doit être ferme et la graine ne doit pas être enterrée profondément, juste recouverte avec de la terre sèche.

Lorsque la levée est terminée et que les jeunes plants sont gros comme la moitié d'un crayon, éclaircissez en arrachant certains plants pour que les futurs bulbes se développent à l'aise. Les oignons arrachés peuvent être repiqués comme des poireaux.

Les oignons apprécient des sols propres sans herbes et sarclés périodiquement jusqu'à la récolte.

SAMEDI

DIMANCHE

Quelques variétés.

- **Oignon d'Égypte** (ou rocambole, ou bulbifère). Oignon perpétuel présentant de petites bulbilles au sommet des tiges à la place des graines. À maturité, les tiges plient et cassent pour déposer leur descendance.
- **Oignon blanc.** La variété qu'on met au vinaigre.
- **Oignon rouge.** Une variété plus douce et plus sucrée.

Échalote

Plantation.

Les échalotes se cultivent comme les oignons et les aulx. Elles préfèrent les terres légères et sableuses. Si le sol est lourd et argileux, plantez les bulbes sur une butte.

Évitez les apports de fumier frais avant la culture. Ne plantez jamais des échalotes sur une parcelle qui a accueilli des liliacées (ail, oignon, poireau) dans les trois à cinq années précédentes. Respectez une bonne rotation de culture.

Récolte et conservation.

Vous récoltez les échalotes quand les feuilles sont aux deux tiers sèches. Laissez sécher les bulbes au soleil deux à trois jours. Entreposez les échalotes dans un endroit sec et aéré, en botte, en tresse ou dans une caisse.

Quelques variétés.

- **Échalote grise.** Bulbe long et arqué, tunique épaisse et solide de couleur grise, chair rose violacé. Goût très prononcé. Conservation moyenne (6 à 7 mois).
- **Échalote de Jersey** (ou échalote rose). Se plante au printemps. Différentes formes de bulbes (longs ou demi-longs), chair rose. Goût plus subtil et délicat que l'oignon. Bonne conservation.

LES LÉGUMES-RACINES

Radis

Semis à la volée.
Les radis se sèment à la volée à partir du mois de mars, en pleine terre ou sous un tunnel. Après avoir jeté les graines, griffez légèrement la terre en surface (sans mettre les pieds dans le semis) pour les enterrer légèrement. Inutile d'arroser lorsque la terre est déjà humide. Vous le ferez plus tard s'il fait sec. Si les matins sont frais, vous pouvez couvrir le semis avec un voile de forçage.

ASTUCE DE PRO

DES LAITUES AU PAYS DES RADIS
Au moment du semis, glissez quelques graines de laitues parmi vos graines de radis. Lorsque les radis seront récoltés, ils laisseront naturellement leur place aux laitues, et vous aurez gagné du temps.

Semis en ligne.
1 Après avoir égalisé la surface de la terre, tracez un sillon sur un centimètre de profondeur. C'est l'occasion de vous servir de votre règle à semis en fer en forme de L.
2 Arrosez le fond du sillon, puis semez. Les graines de radis ne doivent pas se toucher 3. Espacez les graines d'au moins un centimètre et les rangées de 25 cm.
4 Couvrez les graines avec de la terre sèche puis tassez avec le dos du râteau 5.

1 Tracez des sillons

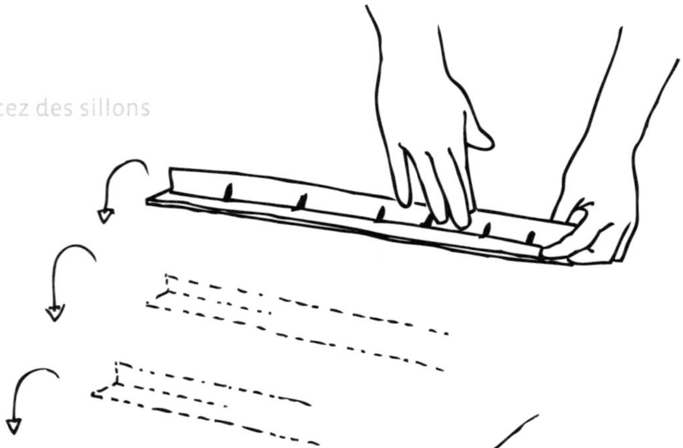

2 Arrosez le fond du sillon

3 Semez les graines
(ici à l'aide d'un semoir)

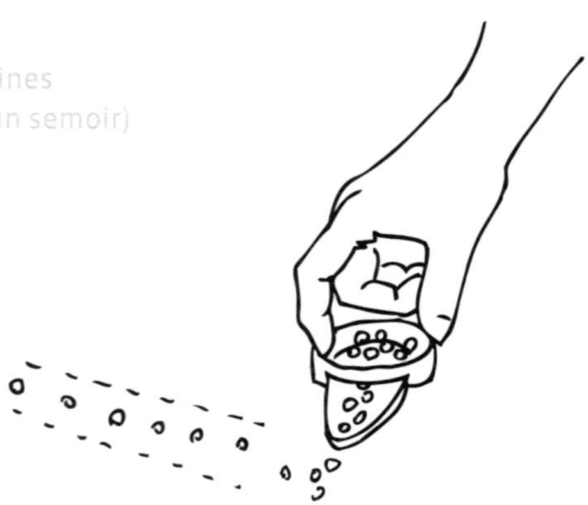

4 Couvrez les graines de terre sèche

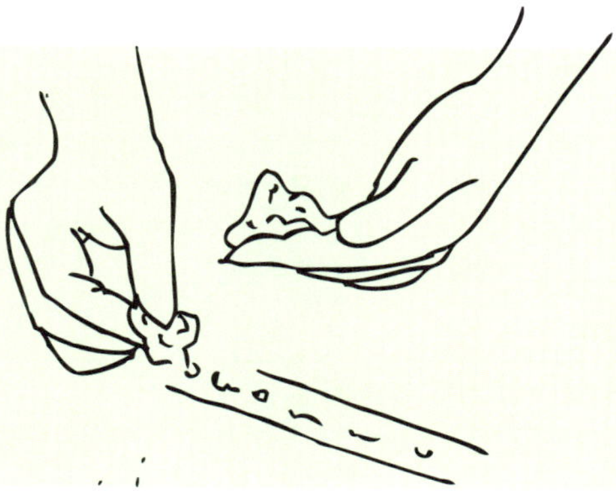

5 Tassez avec le dos du râteau

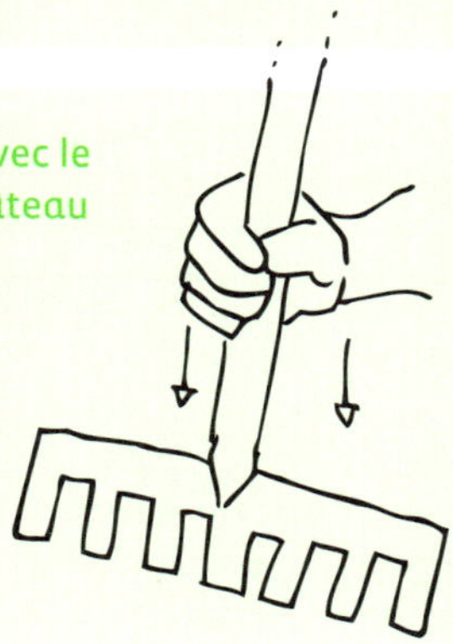

ASTUCE DE PRO

AMÉLIORER VOTRE CULTURE DE RADIS AVEC DU TERREAU

Remplacez la terre sèche par du terreau universel ou horticole. Tassez avec le dos du râteau et arrosez. La levée sera plus régulière, les radis pousseront plus vite et seront plus tendres (moins piquants). Cette technique est également intéressante lorsque votre terre a tendance à faire des mottes.

Culture forcée.

Vous pouvez également semer des radis plus tôt dans la saison sous une couche chaude *(voir partie 3, Techniques et matériel pour avancer la saison)*.

Tracez de petits sillons sur une profondeur d'un demi-centimètre, pas davantage. Espacez les rayons de 10 cm environ. Semez vos graines dans le sillon puis couvrez le semis avec du terreau. Tassez fortement avec une planchette. Arrosez copieusement avec de l'eau tiède. S'il fait froid couvrez le semis avec un voile de forçage.

Une semaine plus tard, les radis lèvent. Le matin, vous aérez les châssis avec une cale du côté nord, de façon à ce que les rayons du soleil frappent à la perpendiculaire des vitres. En revanche, s'il fait très chaud, levez les châssis du côté sud afin de refroidir l'intérieur de la couche. Les arrosages doivent être fréquents, matinaux et peu copieux.

SAMEDI

DIMANCHE

ASTUCE DE PRO

POUR QUE LES RADIS GROSSISSENT...
Lorsque les deux cotylédons (premières feuilles) sont formés, aérez le châssis pendant trois jours et trois nuits (à condition qu'il ne gèle pas trop fort). Cette technique permet aux radis de former leur amande sans filer. Le froid est bénéfique aux radis, tout comme aux semis de carottes et aux laitues. À l'issue de ces trois jours de refroidissement, vous reprenez l'aération normale.

Navet

La culture du navet est identique à celle du radis. Les navets se sèment tôt au printemps pour une récolte en juin ou au milieu de l'été. Vous pouvez également les semer derrière une autre culture (c'est-à-dire à sa suite, après une première moisson) pour une récolte à partir de septembre et jusqu'en hiver. Les racines se conservent, comme pour les carottes et les betteraves rouges.

Carotte

Plantation.
Les carottes apprécient un sol profond, léger et frais. Si vous les plantez dans une terre caillouteuse, vos carottes risquent d'être fourchues à la récolte. La terre doit être labourée et fumée (c'est-à-dire enrichie avec du fumier) autant que possible à l'automne.
Vous semez vos carottes en ligne en les séparant de 12 à 25 cm suivant le type de culture. En effet, le semis des carottes primeurs peut être nettement plus dense que celui des carottes destinées à la conservation. L'écartement entre les rayons doit être de 30 cm.

Procédez comme ceci :
1. Tirez un sillon avec le manche du râteau ou la règle à semis.

2 Arrosez copieusement le fond du sillon avec l'arrosoir sans pomme d'arrosage.

3 Semez menu (c'est-à-dire en les espaçant) les graines de carottes sur la terre humide. Pour vous prémunir contre les ravages de la mouche, ajoutez quelques graines de poireaux ou d'oignons.

4 Couvrez le semis avec de la terre sèche et tassez avec le dos du râteau. Arrosez à nouveau, cette fois avec la pomme.

ASTUCE DE PRO

POUR AMÉLIORER LA LEVÉE DE VOS CAROTTES
Après le semis, étendez une toile de jute sur la terre. Arrosez avec la pomme d'arrosoir et laissez la toile jusqu'à la levée, c'est-à-dire huit à dix jours. La levée sera ensuite plus régulière et plus rapide.

Entretien.

Une fois les carottes levées, binez et sarclez régulièrement entre les rayons pour aérer la terre et empêcher les petites herbes indésirables de grandir.

Si le semis est clair, il est inutile de desserrer vos carottes. En revanche, une levée trop drue ne facilite pas le grossissement des racines : vous risquez d'obtenir de très nombreuses carottes, mais de petit calibre. Dans pareil cas, songez à supprimer les pousses en surnombre. Comptez au maximum une carotte tous les 5 cm.

Maladie possible.

• La mouche (Psila rosae).

Symptômes : Les racines sont minées par des larves issues d'une mouche qui vient pondre au pied des carottes en juin. Une semaine plus tard, les œufs éclosent et les larves pénètrent à l'intérieur des racines. Pendant un mois, ces petits vers vont se nourrir de la racine.

Les mesures à prendre : Hélas, l'odeur de la carotte attire la mouche. Mais heureusement, il existe toute une variété de techniques pour éloigner ces insectes importuns.

• Semez des oignons ou des poireaux, dont l'odeur prononcée dissimule efficacement celle des carottes.

• Desserrez les carottes (supprimez les pousses en surnombre) le soir car la mouche ne vole plus à la tombée de la nuit.

• Retirez soigneusement les fanes laissées sur la terre.

- Semez de préférence les carottes de conservation au mois de juin, après le vol de la mouche.
- Vous pouvez également éloigner la mouche avec une décoction de fougères et d'oignons.
- Installez des barrières de 30 à 50 cm de haut autour des carottes (filets, planches...). Les mouches ne franchissent pas cet obstacle.
- Pratiquez des semis clairs pour éviter le desserrage.

Récolte et conservation.

Profitez d'une belle journée ensoleillée pour arracher vos carottes. Alignez-les sur le sol (surtout si la terre est lourde !) puis retournez-les trois à quatre heures plus tard de façon à ce que la terre sèche et se décolle. En fin de journée, coupez les fanes à un centimètre du collet. Dans le jardin, faites un tas sur le sol. Couvrez de paille et d'une tôle pour préserver les carottes du froid et de la pluie. Rentrez-les deux à trois semaines plus tard dans votre cave ou votre cellier.

ASTUCE DE PRO

LES RACINES AU LAVE-LINGE !

Voici une astuce pour améliorer la conservation de vos racines, carottes et autres betteraves. Enterrez un tambour de machine à laver dans votre jardin et remplissez-le avec vos racines. Puis couvrez-le avec de la paille pour éviter que les légumes ne gèlent. Les racines resteront fermes et bien sucrées.

Différentes variétés de carottes.

- **Les carottes courtes** conviennent pour les cultures précoces et forcées. Elles se sèment tôt dans la saison, aux mois de mars et avril. Leur culture est rapide : 75 jours environ sous abri ou sous un film de forçage. Vous les récolterez en primeur au mois de juin.
- **Les carottes demi-longues** peuvent être cultivées comme demi-hâtives ou tardives. Elles se sèment plus tard, vers le mois de mai. Malheureusement, elles sont fréquemment assaillies par la mouche. Nous vous conseillons de ne pas mettre tous vos œufs dans le même panier : ne semez pas la totalité des graines en mai, conservez une partie de vos graines pour les semer en juin.
- **Les carottes longues à grosses racines** sont tardives et productives. C'est la véritable carotte de conservation que l'on râpe pendant l'hiver. De culture plus longue, elle se récolte à l'automne, juste avant les grands froids.

Céleri-rave

Multiplication.
Pour une récolte aux mois d'août et septembre, semez sous abri en février-mars. Lorsque les plantules possèdent deux à trois feuilles, vous les repiquez une première fois en les installant dans une terrine ou sous un châssis, dans un terreau de semis. Avant de repiquer, coupez le pivot (la racine principale des plants) de moitié : c'est ce qui fera grossir la rave. Arrosez avec de l'eau tiède (environ 20 °C). Le premier arrosage doit être copieux.
Lorsque les céleris possèdent quatre à cinq feuilles, vous pouvez pratiquer un deuxième repiquage en godet que vous placez sous un abri (serre, châssis, tunnel).

Repiquage.
Que vous les ayez multipliés vous-même ou achetés en mini-mottes, vous repiquez les plants de céleri-rave en pleine terre à partir du 15 avril. Le repiquage se fait en ligne dans une terre riche. Espacez les raves de 30 cm et laissez autant de largeur entre les rangs.

Entretien et récolte.
Désherbez et binez régulièrement pour garder un sol meuble. Le céleri-rave aime l'eau. Pour bien protéger vos plants, vous pouvez pailler entre les rangs.
Les raves se récoltent à partir du mois de septembre et se conservent comme les carottes.

Betterave rouge

Multiplication.
Vous multipliez les semis en mars, avril, mai lorsque la terre est réchauffée.
1 Tracez un sillon et arrosez-le copieusement au goulot (c'est-à-dire sans pomme d'arrosage).
2 Posez les graines une à une sur la terre.
3 Couvrez les graines avec une terre sèche sur 1 à 2 cm d'épaisseur et tassez légèrement avec le dos du râteau.
La levée se produit une dizaine de jours plus tard.

ASTUCE DE PRO

ÉCLAIRCIR LES RANGS DE BETTERAVES ET REPIQUER LES PLANTS ARRACHÉS

Lorsque les jeunes betteraves commencent à se développer et possèdent au minimum deux feuilles, vous pouvez éclaircir les zones les plus serrées pour leur donner de la place. Conservez les betteraves arrachées pour les repiquer une à une, comme si vous repiquiez des salades, dans un espace vacant de votre jardinet. En les arrosant bien, la reprise sera très facile !

Les feuilles rouges des betteraves sont très décoratives : profitez-en pour les introduire dans vos massifs de fleurs.

SAMEDI

DIMANCHE

Pomme de terre

La pomme de terre : le tubercule incontournable !

Avec une clayette (cageot) de 25 plants de pommes de terre, vous plantez 5 m² de jardin, pour une récolte en primeur de 10 à 20 kg ou en conservation de 20 à 35 kg (selon les variétés).

Avec un sac de 3 kg de tubercules de calibre 25/32 (c'est-à-dire environ 120 plants) ou 28/35 (environ 90 plants) vous couvrez 20 m² de culture.

Planter des pommes de terre en tout début de saison.

Très tôt au printemps, vous pouvez planter des pommes de terre hâtives sous un tunnel. Les tubercules que vous achetez sont prégermés pour accélérer leur développement. Toutefois, choisissez de préférence des variétés précoces : vous gagnerez du temps. En plantant en mars une variété 60/80 jours, vous récolterez vos premières grenailles fin mai. Attention, à cette époque de l'année, le risque de gelée est loin d'être écarté. Vous devrez butter vos pommes de terre au fur et à mesure (c'est-à-dire élever une petite butte de terre autour de chaque pied) pour les protéger contre le gel et disposer un voile d'hivernage par-dessus les plantes.

Plantation en saison.

Les véritables plantations débutent à partir du 15 avril jusqu'au 15 mai selon les régions et la météo. En plantant des tubercules déjà germés, vous gagnez quinze jours de temps de culture et bénéficiez d'un démarrage rapide.

1 Avec votre houe, creusez un sillon sur 10 cm de profondeur. La terre doit être douce et ameublie sur une épaisseur de 20 cm.
2 Posez les tubercules (le germe en haut) tous les 30 à 40 cm dans la ligne. Selon la variété que vous plantez, laissez entre 40 et 50 cm d'espace entre les rangs. Cela représente environ quatre tubercules au mètre carré.
3 Recouvrez les pommes de terre avec de la terre fine. Procédez délicatement pour ne pas endommager les germes.

Entretien.
Lorsque les pommes de terre commencent à sortir, binez ou griffez entre les rayons pour adoucir la terre.
Dès que les plants atteignent environ 25 cm de hauteur, procédez au buttage (amassez une petite butte) à l'aide d'une houe, d'une binette ou d'un buttoir, afin de favoriser le développement des tubercules.

ASTUCE DE PRO

QUAND PLANTER LES POMMES DE TERRE DE CONSERVATION ?
Pour savoir quand planter vos pommes de terre de conservation, observez les lilas. Les pommes de terre sont bonnes à planter lorsqu'ils sont en fleur.

ASTUCE DE PRO

FAITES GERMER VOUS-MÊME VOS POMMES DE TERRE AVANT LA PLANTATION
Cette opération débute au mois de février, lorsque les spécialistes du jardin mettent en vente les plants de pommes de terre.
Étalez les tubercules à la lumière dans un local éclairé, à une température de 5 à 7 °C. Disposez-les en couches minces dans des clayettes. Pour obtenir une belle germination, dressez les yeux des pommes de terre (les renfoncements d'où sortiront les germes) vers le haut pendant quatre à cinq semaines.
Le verdissement permet la formation de germes courts qui n'épuisent pas les tubercules et ne se cassent pas lors de la plantation.

Un grand choix de variétés.
En jardinerie, on trouve plus de 120 variétés de pommes de terre différentes. Ce qui les distingue ? Leur précocité, leur saveur, leur rendement, la forme des tubercules, la couleur de la peau et de la chair, les utilisations culinaires auxquelles elles se prêtent et la possibilité ou non de les conserver.

• **Les variétés précoces ont un cycle très court.** Elles poussent entre 70 et 110 jours suivant les conditions climatiques. Vous les récolterez au mois de juin. Elles ne se conservent pas.
• **Les variétés à chair ferme ont une bonne tenue à la cuisson :** elles ne s'écrasent pas lorsqu'on les cuit à la vapeur ou qu'on les rissole. Idéales pour les pommes de terre en robe des champs ou sautées.
• **Les variétés de conservation sont généralement très productives.** Elles poussent entre 110 à 150 jours. Il s'agit souvent de variétés demi-précoces à tardives. Elles sont mûres lorsque les feuilles sont fanées, c'est-à-dire en septembre-octobre.
• **La couleur et la forme** prennent de plus en plus d'importance aux yeux des jardiniers qui aiment rendre leur potager esthétique et varié. On y voit se côtoyer des tubercules aux couleurs les plus diverses (rose, jaune, violet, noir...).

Les plants sont vendus en sacs ou cartons de 3,5 et 10 kg. On trouve aussi de très petits conditionnements de 10 et 25 plants, très pratiques pour découvrir de nouvelles variétés.

Vous trouverez dans le tableau ci-après une brève liste des variétés les plus connues et en principe les plus disponibles, avec leurs différentes propriétés.

QUEQUES ESPÈCES DE POMMES DE TERRE

Variétés nouvelles	Type (maturation)	Rendement	Conservation	Qualités gustatives	Utilisation
AMANDINE	Très hâtive (80-110 jours)	Gros tubercules	Germe facilement à la chaleur	Chair ferme, très belle présentation	Vapeur, salade
NATURELLA	Demi-hâtive	Bon à très bon	Très bonne (résistante aux maladies)	Chair crème (supérieure à la Bintje)	Tous usages
ATLAS	Demi-tardive (110-140 jours)	Très bon	Très bonne	Chair à frites	Frites, purée, gratin, cuite au four

Variétés anciennes					
CORNES DE GÂTE ou RATTE ROSE	Demi-tardive (110-140 jours)	Assez bon	Passable	Chair ferme, excellente	Poisson, salade, rissolées, raclette
VITELOTTE NOIRE	Tardive (plus de 150 jours)	Nombreuses petites pommes de terre	Moyenne	Chair noire à peau noire	Salade, frites (pour la décoration)

Variétés	Type (maturation)	Rendement	Conservation	Qualités gustatives	Utilisation
BELLE DE FONTENAY	Très hâtive (60-80 jours)	Médiocre	Médiocre	Chair ferme, excellente tenue à la cuisson	Sautées, poisson, salade, vapeur
SIRTEMA	Hâtive (75-100 jours)	Très bon	Moyenne	Bonne en primeur	Sautées, purée, frites
LINZER DELIKATESSE	Hâtive (80-110 jours)	Bon (supérieur à B.F15)	Bonne (supérieure à Belle de Fontenay)	Chair ferme, excellente	S'utilise comme la B.F15 ou la Belle de Fontenay
CHÉRIE	Hâtive (80-110 jours)	Très bon	Bonne	Chair ferme, peau rouge, très bonne tenue à la cuisson	Poisson, salade, vapeur, gratin, frites
POMFINE	Hâtive (80-110 jours)	Bon	Bonne	Chair ferme, bon goût ferme	Vapeur, salade, poisson, gratin
MANON	Hâtive (80-110 jours)	Bon	Bonne	Chair ferme	Spéciale frites, robe des champs, potage, purée, sautées
NOISETTE	Hâtive (85-125 jours)	Bon à très bon	Moyenne	Chair jaune	Sautées, potage, purée
CHARLOTTE	Demi-hâtive (90-120 jours)	Bon	Bonne	Chair ferme	Poisson, salade, vapeur, gratin, frites
B.F15	Demi-hâtive (90-120 jours)	Bon	Moyenne	Chair fine, ferme, très bon goût	Rissolées, salade, vapeur, robe des champs, raclette
POMPADOUR	Tardive (120 jours)	Bon à très bon	Bonne	Chair ferme, fine et savoureuse	Poisson, salade, vapeur
KERPONDY	Tardive (plus de 130 jours)	Bon à très bon	Bonne	Chair assez fine	Frites, purée, vapeur, gratin
ROSEVAL	Tardive (125-150 jours)	Bon à très bon	Bonne (sensible au mildiou)	Chair très ferme	Sautées, poisson, salade, gratin

BON À SAVOIR

LA DURÉE ENTRE PLANTATION ET RÉCOLTE : UNE SIMPLE INDICATION

Le chiffre figurant sur les cagettes de tubercules (compris entre 60 et 140) indique la durée de culture, exprimée en jours, entre la plantation et la récolte. Attention, ce chiffre est uniquement indicatif. La durée de culture peut varier de façon considérable en fonction des conditions climatiques.

LES LÉGUMES-FEUILLES

Laitue

Saveur, couleur, forme, chaque variété de salade a ses caractéristiques. Et surtout, sa façon de réagir aux conditions climatiques. Dès que la chaleur augmente, certaines variétés poussent verticalement et deviennent immangeables : on dit qu'elles montent à graines. Le moindre stress (sécheresse, pluie d'orage...) favorise la montaison. Pour assurer une production constante, il est donc judicieux d'échelonner les semis jusqu'au mois d'août.

Semis en ligne.

1. Tirez un sillon de 2 à 3 cm de profondeur. Vous pouvez épandre un peu de terreau au fond du sillon.
2. Arrosez au goulot (sans pomme) le fond du rayon à blanc d'eau (jusqu'au moment où elle ne s'infiltre plus).
3. Semez très clair les graines. Vous pouvez y incorporer de la graine de radis : une fois récoltés, les radis feront la place aux salades.
4. Recouvrez le semis avec de la terre sèche (il peut y avoir des petites mottes) puis tassez avec le dos d'un râteau.
5. En cas de forte chaleur, couvrez le semis avec un journal déplié qui le protégera (n'oubliez pas de le retirer au moment de la levée).

Les salades lèvent cinq à dix jours plus tard. Si le semis est trop dru, éclaircissez-le en passant une griffe à travers le rayon. Idéalement, les salades doivent être espacées d'une trentaine de centimètres. S'ils sont suffisamment forts, les plants arrachés peuvent être repiqués en pépinière.

Semis à la volée.
Semez à la volée sur une terre plus ou moins émiettée. Griffez ensuite la surface du sol en long et en large afin de bien mélanger les graines. Puis arrosez copieusement.

SAMEDI

DIMANCHE

Semis en terrine ou barquette.

Cette technique permet d'avancer les semis à une époque où la terre est encore froide à l'extérieur. Vos semis en barquette resteront à l'intérieur, au chaud.

1 Drainez sur 1 à 2 cm le fond de la terrine avec des graviers. Puis remplissez-la d'un terreau spécial semis jusqu'à environ 2 cm du bord. Imbibez soigneusement le terreau d'eau.

2 Terminez de remplir la terrine en tamisant du terreau mélangé avec du sable (à l'aide d'un tamis ou d'une vieille passoire). Tassez doucement la surface avec une planchette de bois.

3 Semez très clair vos graines (c'est-à-dire en les espaçant). Puis recouvrez légèrement le semis en tamisant encore le terreau mélangé au sable.

4 Couvrez avec une feuille de verre pour maintenir l'humidité le temps de la germination. Dès la levée, retirez la feuille et installez la terrine sous abri non chauffé ou sur le rebord extérieur d'une fenêtre exposée au soleil.

Repiquer les laitues en godet.

Mieux vaut repiquer les laitues lorsqu'elles sont encore jeunes : leur reprise sera mieux assurée. Avant d'arracher les jeunes pousses, arrosez la terre copieusement. Vous risquerez moins de casser les racines en les extrayant. Profitez d'une journée sombre voire légèrement pluvieuse. Espacez les plants de 25 à 30 cm : cultivées trop serrées, les laitues risquent de manquer d'air et de pourrir.

1 Utilisez un petit morceau de bois pour soulever les jeunes plantes.

2 Faites un trou avec le plantoir. Si la terre est sèche, arrosez le fond du trou avant de repiquer.

3 Glissez les racines dans le trou en tenant la laitue par les feuilles et non par la tige. Les racines sont enfoncées et non retroussées. N'enterrez jamais les feuilles.

4 Tassez légèrement autour du pied et arrosez copieusement au pied.

5 S'il fait chaud et sec, fabriquez une ombrière avec une toile de jute que vous posez par-dessus sans qu'elle touche les feuilles. Un voile d'hivernage posé sur la zone repiquée protège les plants des courants d'air et empêche les moineaux de picorer les feuilles.

Entretien.

S'il fait sec, arrosez tous les jours, matin ou soir. Griffez le plus souvent possible entre les rayons pour empêcher la pousse des herbes indésirables. La griffe permet d'aérer la surface du sol, surtout après une grosse averse.

Les laitues ne sont pas gourmandes. Dans un premier temps, il est inutile de leur apporter de l'engrais. En revanche, elles aiment l'humidité : entretenez donc la fraîcheur en paillant la terre pour éviter la montaison prématurée.

Surveillez les limaces qui peuvent anéantir un parc de salades en quelques jours à peine.

QUEQUES VARIÉTÉS DE LAITUES

LAITUE À COUPER « BOWL ROUGE ET VERTE »	Une salade qui ne forme pas de pomme, originale tant par son aspect que par son goût. Feuilles frisées et découpées d'un rouge ou d'un vert soutenus, très décoratives. Lorsqu'il n'y a plus d'autres salades dans le jardin, cette variété continue d'assurer une production de feuilles que vous coupez au fur et à mesure. Semis : mars à juin. Récolte : juin à août.
LAITUE À COUPER « FEUILLE DE CHÊNE BLONDE »	Variété à nombreuses feuilles d'un vert blond, ressemblant à celles du chêne. Son goût délicieux ravit les enfants. Pendant l'été, les feuilles fournissent une grande quantité de verdure. Elles peuvent se cuire comme des épinards, au beurre. Mélangées à d'autres salades, elles en adoucissent l'amertume. Semis : mars à juin. Récolte : juin à août.
LAITUE ITALIENNE « LOLLO ROSSA » OU « LOLLO BIONDA »	Cette laitue aux feuilles très frisées, bien rouges, pousse de façon continue et colore agréablement les plats de salade. Se cultive également à couper. Feuille verte de très bonne saveur, qui résiste à la chaleur. Semis : mars à août. Récolte : mai à septembre.
LAITUE BATAVIA « PIERRE BÉNITE »	Variété adaptée aux récoltes de printemps, d'été et d'automne. La pomme est volumineuse, bien couverte et très ferme. Découpées et cloquées, les feuilles sont d'un beau vert blond et croquent sous la dent tout en restant tendres. Semis : mars à juillet. Récolte : fin juin à octobre.
LAITUE BATAVIA « ROSSIA »	Batavia originale, tendre et croquante. Son port est érigé, ses feuilles vertes marquées de rouge. Une excellente salade, très rustique, résistante à la montée à graines. Semis : avril à août. Récolte : juillet à octobre.

LAITUE POMMÉE « MERVEILLE DES QUATRE SAISONS »	Laitue au feuillage vert doré très fortement teinté de rouge, tendre et finement cloqué. La pomme est volumineuse mais moyennement serrée. Elle résiste à la chaleur et à la sécheresse. Une variété lente à monter à graine. Dès son jeune âge, on peut consommer ses feuilles. Semis : avril à juillet. Récolte : fin juin à octobre.
LAITUE POMMÉE « KINEMONTEPAS »	Variété très résistante à la chaleur, lente à monter à graine. Pomme assez ferme, moyenne, d'un gris verdâtre, aux feuilles extérieures très développées. Appréciée pour les cultures familiales d'été. Ses larges feuilles servent de support pour agrémenter les plats. Semis : avril à juillet. Récolte : fin juin à octobre.
LAITUE ROMAINE « BLONDE MARAÎCHÈRE »	Variété précoce d'été, assez résistante à la chaleur. Pomme allongée, arrondie, à feuillage vert pâle de grosseur moyenne. Lente à monter à graine. Convient sous tous les climats. Délicieuse cuite. Semis : avril à août. Récolte : mai à octobre.
LAITUE POMMÉE GRASSE « SUCRINE »	Ses feuilles épaisses et foncées rappellent les épinards. Pourtant, elles ont une saveur presque sucrée. Très cultivée dans le Midi car elle est résistante à la chaleur. Petite pomme dressée, très serrée, vert foncé. Idéale pour les petites salades. Semis : avril à août. Récolte : juin à septembre.

Chicorée

Semis.
La chicorée scarole se sème idéalement en juin ou juillet, derrière une récolte d'autres légumes. Travaillez la terre en surface. Arrosez copieusement le fond du sillon, déposez les graines et recachez avec de la terre sèche.

Repiquage.
Après avoir arraché vos pommes de terre hâtives en juillet, repiquez à la place les chicorées à 25 cm d'intervalle, en espaçant les rangs de 30 cm. Méfiez-vous des périodes chaudes et sèches : les chicorées ont tendance à monter avant même d'avoir tourné.
Vous pouvez repiquer des chicorées scaroles jusqu'en août pour une récolte en fin d'automne. Un voile d'hivernage les protégera des premières gelées.

1 Arrosez copiesuement les plants de chicorée.
2 Arrachez délicatement les chicorées une à une.
3 Coupez l'extrémité des racines.
4 Repiquez les pousses en les espaçant de 25 cm et tassez délicatement la terre autour des racines.

③ Coupez l'extrémité des racines

④ Repiquez les pousses

QUEQUES VARIÉTÉS DE CHICORÉES

CHICORÉE FRISÉE « FRISÉE DE MEAUX »	Variété à cœur très plein et à feuilles allongées. Si elle est capable de résister à la chaleur et à la sécheresse, elle ne supporte pas les gelées automnales. Semis : mai à juillet. Récolte : juillet à septembre.
CHICORÉE SCAROLE « RONDE VERTE À CŒUR PLEIN »	Variété rustique supportant le froid. Feuilles très épaisses à cœur bouclé, croquantes. Elle blanchit facilement. Les feuilles vertes sont très appréciées cuites. Semis : juillet à août. Récolte : octobre.
CHICORÉE « AMÈRE F1 JUPITER »	Chicorée du type pain de sucre. Pommes cylindriques de 30 à 35 cm de haut, de couleur vert clair, uniformes et productives, avec peu de feuillage extérieur. Blanchit naturellement. Se consomme aussi bien cuite que crue. Semis : juillet. Récolte : août.
CHICORÉE SCAROLE « MARLY »	Pomme serrée, volumineuse, feuilles dentées. Blanchit facilement. Résistante à la chaleur et à la sécheresse, peut être cultivée en été. Semis : juillet. Récolte : août.
CHICORÉE FRISÉE « D'ÉTÉ À CŒUR JAUNE RACE MÉLIE »	Pomme volumineuse à cœur serré. Blanchit facilement. Variété rustique qui offre une bonne résistance à la montée à graines. Semis : avril à mai. Récolte : juin à août.
CHICORÉE « AMÈRE À COUPER »	À consommer jeune comme une salade verte, en raison de son amertume à complète maturité. Semis : avril à septembre. Récolte : juillet à octobre.
CHICORÉE ITALIENNE À FEUILLES ROUGES « DI CHIOGGA »	Variété très populaire en Italie. Pomme ronde ressemblant à une laitue. Très décorative, se colore de rouge foncé dès les premières gelées. Supporte bien le froid. Semis : juin à juillet. Récolte : octobre à novembre.

SAMEDI

DIMANCHE

Chou

Pour un petit potager, il est préférable de se procurer les plants de choux prêts à planter vendus en barquettes de six. Ils vous feront gagner du temps et vous permettront de tester plusieurs variétés en séries courtes. Leurs racines étant déjà ancrées dans le terreau, leur reprise sera plus facile.
Si vous envisagez un semis, vous devez les cultiver à la chaleur ou sous un abri en début de saison.

Repiquage des choux en motte.
Choisissez bien vos barquettes. Évitez les plants aux feuilles jaunes et ceux qui semblent avoir séjourné plusieurs jours dans un magasin surchauffé. Ils seront implantables. Écartez les choux étirés qui ne tiennent plus debout et se couchent dans leur barquette. Un bon plant de choux doit être droit, coloré et mesurer à peine 10 cm de haut.
Arrosez le trou de plantation et plantez les choux sans les enterrer davantage qu'ils ne l'étaient auparavant.

Repiquage des choux à racines nues.
Pour cette opération, profitez d'une journée de grisaille. Les plants de choux se repiquent avec un espacement de 40 cm, y compris entre les lignes. Vous procédez comme pour les laitues : les racines sont implantées droites au fond du trou, jamais recourbées. Arrosez le fond du trou et tassez autour du pied.

Semis.
Les premiers choux se sèment dès le mois de février sur une couche chaude *(voir partie 3, Techniques et matériel pour avancer la saison)*. À partir du mois de mars ou d'avril, vous pouvez vous contenter d'un tunnel. Une fois les gelées passées, vous pourrez également semer vos choux en pleine terre avec un voile d'hivernage comme simple protection.
Les graines de choux sont rondes et nettement plus petites que celles des radis. Soyez minutieux au moment du semis, car il y a entre 300 et 500 graines au gramme. Prélevez une toute petite quantité de graines et refermez le paquet aussitôt. Vos graines peuvent être conservées pendant cinq ans.

ASTUCE DE PRO

DU SABLE DANS LES GRAINES
Ajoutez du sable fin dans vos graines avant de les semer. Vous serez plus à l'aise pour les disperser.

Semis en terrine.

1 Percez le fond de la terrine puis déposez-y un lit de graviers ou de billes d'argile qui serviront de drainage.

2 Remplissez la terrine avec un terreau de semis. Attention, n'employez pas d'autres terreaux : trop riches, ils risquent de brûler les jeunes racines après la levée. Tassez légèrement le substrat avec une planchette.

3 Semez vos graines très clair pour éviter la fonte du semis (pourriture due à un champignon microscopique qui se développe lorsque les jeunes plantes sont trop serrées).

4 Tassez une nouvelle fois le semis afin que les graines soient plaquées au terreau et pulvérisez la surface du semis avec de l'eau tiède.

5 Couvrez la terrine avec un capuchon, un couvercle en plastique ou une feuille en verre. Maintenez l'ensemble fermé jusqu'à la levée. En principe, il n'est plus nécessaire d'arroser.

6 Lorsque les choux commencent à sortir, retirez le couvercle. N'oubliez pas de placer la terrine près d'une source de lumière, sans quoi les choux vont filer et pourrir en quelques jours. À défaut, mieux vaut les déposer à l'extérieur, sur le rebord d'une fenêtre exposée en plein soleil.

Dès que les choux auront deux feuilles, vous les repiquerez en godet ou en pépinière sous un tunnel ou un voile de forçage. Lorsqu'ils auront au minimum quatre feuilles, repiquez-les définitivement en pleine terre.

Entretien et récolte.

L'été, le principal travail consiste à effectuer un premier binage, rapidement suivi d'un deuxième que vous accompagnez d'un léger buttage : vous constituez une petite butte en ramenant la terre autour du chou et en conservant une gorge pour recueillir l'eau de pluie.

Pour qu'un chou pomme bien, vous pouvez enfiler dans sa tige un petit morceau de bois.

SAMEDI

DIMANCHE

La récolte se fait lorsque le cœur est pommé et serré, comptez un minimum de 120 jours.

ASTUCE DE PRO

POUR ÉVITER LA PLACE PERDUE

Pour bien s'épanouir, les choux réclament une place considérable. Mais tant qu'ils sont petits, ils sont loin d'occuper pleinement l'espace que vous leur consacrez. Profitez-en pour repiquer entre les pieds des laitues que vous cueillerez et consommerez avant que les choux aient pris toutes leurs aises.

ASTUCE DE PRO

CONSERVER LES CHOUX PENDANT L'HIVER

Les choux pommés sont résistants au gel. Seuls le gel et le dégel successifs les abîment. Lorsque les gelées sont plus intenses, soulevez sur place vos choux avec une fourche bêche et orientez les pommes côté nord.

QUEQUES VARIÉTÉS DE CHOUX

CHOU POMMÉ	Les choux pommés se répartissent en deux grandes catégories : les choux « cabus » à feuilles lisses et les choux de Milan à feuilles entièrement cloquées ou gaufrées. Semis : de mars à mai et jusqu'en juillet pour les variétés les plus tardives.
CHOU ROUGE	Semis : de mars à mai.
CHOU DE BRUXELLES	Également appelé chou rosette, chou à jets, chou spruyt de Bruxelles. Très résistant au froid. Semis : de mars à juin.
CHOU-FLEUR	Très gourmand, ce chou apprécie une terre riche en humus et de fréquents arrosages. Semis : de février à mai.
CHOU BROCOLI	Également appelé chou-fleur d'hiver, il donne des pommes vertes et se cultive comme le chou-fleur. Semis : de février à mai.
CHOU-RAVE	Également appelé chou de Siam ou boule de Siam. Il produit une boule (rave) au-dessus du sol. Contrairement au chou-navet, il ne s'agit pas d'une racine mais d'une tige renflée et charnue. Semis : de mars à juin.

CHOU FRISÉ	Très décoratives, ses feuilles frisées sont tendres et très savoureuses lorsqu'elles ont subi un petit coup de gelée. Semis : de début avril à mai.
CHOU-NAVET OU RUTABAGA	Également appelé chou-rave en terre ou chou turnep. Contrairement au chou-rave, le chou-navet possède une racine renflée sous terre. Semis : en mai-juin.

Maladies possibles.

- **Pieride du chou (Pieris brassicae)**

Symptômes : Les choux sont envahis par des chenilles qui rongent l'épiderme des feuilles avant de devenir papillons.
Remède maison : Il suffit d'écheniller.

- **Altise (Phyllotreta)**

Symptômes : Les jeunes choux sont percés par une multitude de petits trous. En fait, il s'agit de petites puces noires qui sautillent autour des crucifères.
Remède maison : Bassinez fréquemment le feuillage. Couvrez les semis avec un film de forçage, ou saupoudrez-les avec de la cendre de bois.

- **Hernie du chou (Plasmodiophora brassicae)**

Symptômes : Les choux ne poussent plus et des boursouflures apparaissent à la base de leur tige et sur les racines. La hernie du chou est un champignon dû à l'acidité du sol (pH inférieur à 7).
Remède maison : Apportez des amendements calcaires ou de la cendre de bois. Désinfectez les jeunes plants avec une décoction de prêles. Supprimez les plantes malades. Respectez les rotations de culture et évitez de planter d'autres crucifères au même endroit.

- **Chou borgne (Contarina nasturtii)**

Symptômes : Le chou n'a pas de tête. C'est une larve qui la ronge.
Remède maison : Éliminez au repiquage les choux ne comportant pas d'œil terminal.

- **Mouche du chou (Phorbia brassicae)**

Symptôme : Les choux jaunissent et cassent au collet. Ce sont des asticots blancs qui rongent le pied.
Remède maison : Évitez de planter d'autres crucifères à proximité. Brûlez les trognons des choux malades.

Mâche

Les mâches se sèment après une première récolte de légumes, et repoussent plusieurs années de suite grâce à leur souche pérenne.

Il y a deux grandes sortes de mâches : les variétés à grosses graines qui se consomment dès l'automne et les autres mâches à petites feuilles. Très résistantes au froid, ces dernières se cueillent après l'hiver, à une époque où les salades sont rares et chères.

Semis : 1re méthode.

1 Après avoir récolté la culture précédente, passez un coup de griffe pour travailler le sol en surface et arracher les mauvaises herbes. Une fois que votre terrain est propre, et bien sûr s'il fait sec, arrosez copieusement la terre.

2 Le lendemain, revenez griffer très superficiellement la surface de la terre. Un simple coup de râteau peu suffire. Avec votre règle de semis, tirez les sillons. Le fond doit être ferme. Semez clair vos graines et recouvrez-les avec de la bonne terre.

3 Arrosez avec une pomme douce et maintenez la terre humide jusqu'à la levée.

Semis : 2e méthode.

1 Comme dans la première méthode, vous commencez par récolter, nettoyer et égaliser le terrain.

2 Tracez ensuite des sillons sur la terre sèche. Arrosez copieusement le fond du sillon jusqu'à ce que la terre soit saturée d'eau. Attendez quelques minutes et semez vos graines, puis recachez-les avec de la terre sèche ou du terreau.

On peut aussi couvrir le semis avec des journaux ou de la toile de jute, cela permet de maintenir l'humidité jusqu'à la levée. Attendez plusieurs jours avant d'arroser. Si le temps est à la pluie, inutile de gaspiller l'eau.

Semis : 3e méthode.

Semez les graines à la volée sur une terre ferme et nettoyée, puis passez un coup de griffe dans les deux sens pour mélanger la graine à la terre. Arrosez et maintenez la terre humide à l'aide d'une pomme d'arrosoir douce.

ASTUCE DE PRO

DES GRAINES POUR L'ANNÉE PROCHAINE
Ne cueillez pas toutes les mâches, laissez-en quelques pieds dans votre jardinet. Les mâches vont faire des graines et l'année prochaine, vous profiterez de petites salades gratuites.

Épinard

La multiplication se fait par semis de mars à octobre.
L'épinard redoute la chaleur. Il pousse partout, mais préfère une terre fraîche et pas trop acide.
Semez les graines sur un sol ferme, en espaçant les lignes de 30 cm.

ASTUCE DE PRO

AMÉLIOREZ VOTRE RÉCOLTE D'ÉPINARDS
Pour faire de meilleures récoltes, coupez une à une les pétioles des feuilles du pourtour avec un couteau ou en les pinçant. Ne tirez pas sur les pieds, vous risqueriez de les détruire. Cette technique permet aux petites feuilles de se développer. En revanche, coupez la totalité des pieds s'ils commencent à monter à graine.

Poireau

Pour commencer un potager, mieux vaut se procurer une botte de 50 poireaux à repiquer. Ils sont gros comme un crayon et prêts à être plantés. La reprise est facile. Choisissez-les bien verts ou bleus selon les variétés, et écartez ceux dont les feuilles sont jaunes. Ils ont sans doute été arrachés il y a plus d'une semaine.
Gourmands, les poireaux exigent d'être bien nourris pour bien grossir. C'est la raison pour laquelle, lors du repiquage, nous vous conseillons d'incorporer un amendement organique à la terre.

Repiquage.
1 Avant de repiquer les poireaux, coupez les feuilles de moitié.
2 Prévoyez un espacement de 25 cm dans la ligne et 30 cm entre les rangs. Avec votre plantoir, faites des trous sur 10 cm de profondeur.

3 Glissez le poireau dans le trou et arrosez copieusement jusqu'au débordement.
4 Refermez la terre autour du poireau.

1 Coupez les feuilles de moitié

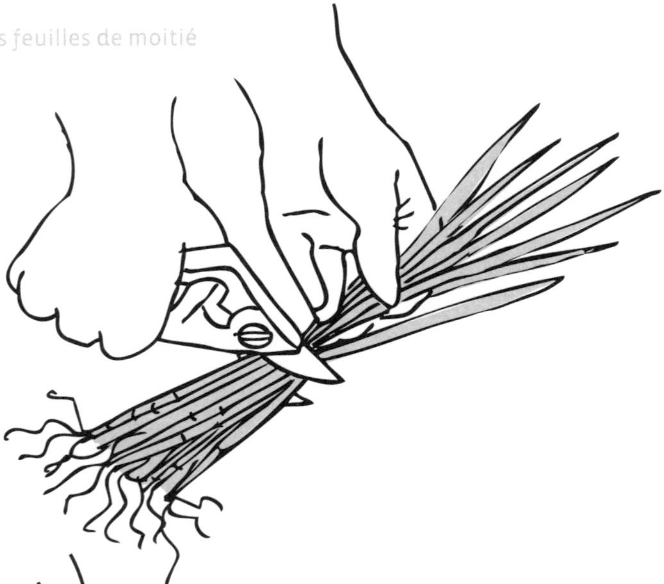

2 Faites des trous sur 10 cm de profondeur

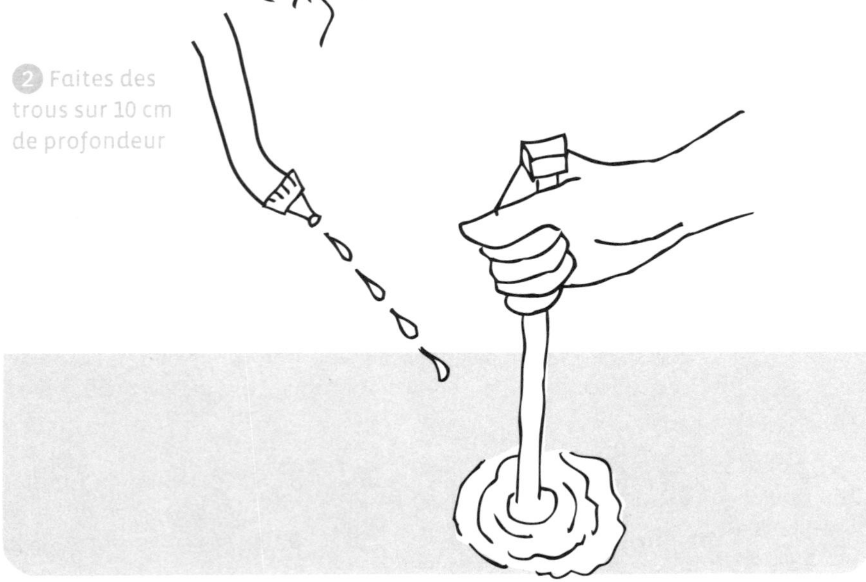

3 Glissez le poireau dans le trou

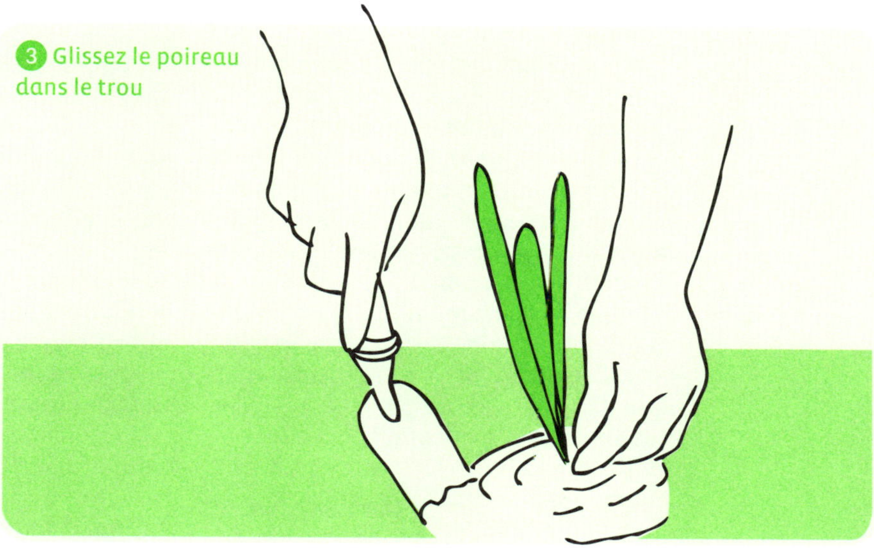

4 Refermez la terre autour du poireau

SAMEDI

DIMANCHE

SAMEDI

DIMANCHE

Entretien.

Si vous avez bien arrosé la première fois, vous pouvez laisser vos poireaux se débrouiller. Ils devraient s'enraciner aussitôt pour puiser l'humidité plus en profondeur.

Afin d'éviter les attaques de certains parasites, il est intéressant de mouiller le feuillage avec une pomme fine pour que l'eau reste à l'intérieur du fût. Une humidité constante empêche la teigne et la mouche de pondre sur les feuilles.

L'entretien consiste à griffer et biner entre les rayons jusqu'à la récolte. En cours de culture, vous pouvez couper les feuilles de moitié afin d'éliminer les éventuels œufs et larves d'insectes.

Pour obtenir des fûts blancs, buttez les poireaux lorsqu'ils ont atteint la grosseur d'un goulot de bouteille. Le buttage consiste à ramener de la terre autour des poireaux.

Pour conserver l'humidité et empêcher les herbes de pousser, paillez entre les rangs.

La plupart des poireaux résistent au froid et sont capables de passer l'hiver dehors puis de repartir au printemps.

ASTUCE DE PRO

LES POIREAUX AU CONGÉLO

Depuis quelques années, une mouche mineuse décime les cultures de poireaux. De petites larves rongent les poireaux qui deviennent inconsommables. Afin de stopper l'évolution des larves, congelez vos poireaux avant l'hiver.

BON À SAVOIR

POURQUOI LES POIREAUX MONTENT À GRAINE ?

Un poireau stressé, âgé au repiquage (on remarque alors la formation d'un bulbe à la base) ou qui souffre de la chaleur et de la sécheresse a tendance à monter à graine, ce qui le rend impropre à la consommation.

Maladies possibles.

- **Ver ou Teigne (Acrolepia assectella)**

Symptômes : Les poireaux ne poussent plus, ils jaunissent. Un papillon a pondu sur les feuilles en été, puis de petites larves ont creusé des galeries descendantes dans le fût.

Remède maison : Coupez les feuilles des poireaux et brûlez-les pour détruire la larve. Pulvérisez de l'eau claire dans le cœur des poireaux afin qu'ils gardent l'humidité. L'eau empêche le papillon de pondre. Repiquez les poireaux à proximité des carottes.

• **Graisse du poireau (Pseudomona syringae)**

Symptômes : Formation de graisse au pied des poireaux. Cela est dû à une bactérie qui se propage d'une année sur l'autre. Hélas, la lutte est impossible.

Remède maison : Respectez la rotation des cultures et évitez de planter plusieurs légumes de la famille des liliacées (oignons, échalotes...) sur une même parcelle.

• **Sclérotiniose ou Pourriture blanche (Sclerotium cepivorum)**

Symptômes : Les racines pourrissent et disparaissent. Un feutrage blanc apparaît au pied du poireau. La sclérotiniose sévit dans des terres lourdes et humides, mais aussi dans un sol trop enrichi par du fumier frais. Malheureusement, ce champignon se transmet d'une année sur l'autre entre les liliacées.

Remède maison : Évitez de planter des échalotes et légumes de même famille sur les mêmes parcelles.

• **Rouille**

Symptômes : Des pustules orange apparaissent sur les feuilles. Les spores de la rouille se conservent dans la terre d'une année à l'autre.

Remède maison : Pratiquez la rotation des cultures afin d'éviter la propagation du champignon. Pulvérisez une décoction de prêles sur les poireaux et arrachez les plants très atteints.

Persil commun

Plat ou frisé, il est indispensable d'avoir du persil soit dans son potager, soit en pot sur un balcon ou un rebord de fenêtre.
Le persil se sème à partir du mois de mars pour récolter les premières feuilles en juin. Et en juin pour récolter à profusion du persil en automne et jusqu'à l'hiver. Quand le printemps est de retour, vos pieds de persil reprennent leur pousse.

Semis en grand pot en mars.

Cette technique permet de cueillir rapidement du persil en attendant d'en avoir en pleine terre dans le potager. Autre avantage : la culture en pot facilite la cueillette de proximité, car votre persil se trouve à deux pas de la cuisine, et pas au fond du jardin.

1 Choisissez un grand pot ou une petite lessiveuse en zinc. Percez le fond pour le drainage et jetez-y un lit de gravillons ou de gravier.

2 Remplissez avec de la terre de jardin jusqu'à 10 cm du bord. Complétez avec du terreau de semis sur une épaisseur de 5 cm. Tassez et arrosez copieusement.

3 Semez vos graines de persil que vous recouvrez très peu avec le terreau de semis. Tassez à l'aide d'une planchette.

4 Découpez un carton à la forme du pot et posez-le sur le semis. Arrosez le carton pour le maintenir plaqué sur le semis.

5 Placez le pot ou la lessiveuse dans un endroit chaud (le long de la maison par exemple). La levée se fait au bout de huit à dix jours.

Semis en pleine terre en juin.

Pour réussir un semis de persil, il faut lui trouver un endroit facile d'accès, le long d'une allée par exemple pour ne pas avoir à piétiner dans la terre. Il est important de l'installer dans une bonne terre. Relégué dans un recoin mal situé, comme cela arrive si souvent, le persil ne peut pas bien se développer.

1 Tracez un sillon de 2 cm de profondeur. Arrosez copieusement le fond du sillon (c'est l'un des secrets de la réussite). La terre doit écumer.

2 Une fois l'eau infiltrée, semez vos graines sans trop les serrer. Elles ne doivent pas se toucher.

3 Couvrez les graines d'une fine pellicule de terre mélangée avec du terreau.

4 Tassez le semis de façon à ce que les graines ne descendent pas lors des arrosages à venir.

5 Cachez le semis avec des feuilles de journal que vous maintenez au sol à l'aide de blocs de terre jetés par-dessus. Arrosez les feuilles de journal.

6 Les jours suivants, continuez d'arroser les journaux pour maintenir l'humidité. Après une semaine, les graines germent. Retirez les journaux et tamisez une très fine couche de terre sèche, afin que les germes soient protégés du soleil (qui pourrait les brûler).

ASTUCE DE PRO

DES SEMIS MÉLANGÉS POUR ÉLOIGNER LES PARASITES

Comme la carotte, le persil est susceptible d'être attaqué par la mouche. Ses larves piquent les racines et font jaunir les feuilles. Afin d'éviter ce désagrément, semez des graines de ciboulette, coriandre et aneth en même temps que vous semez votre persil. Cela tiendra le parasite en respect.

BON À SAVOIR

CONSERVER LE PERSIL

Le persil séché perd son arôme. En revanche, lorsqu'il est congelé, il conserve toute sa saveur. Passez les feuilles à l'eau, hachez-les finement et placez-les immédiatement au congélateur dans des boîtes ou de petits sachets en plastique.

Vous pouvez également congeler le persil dans des bacs à glaçons remplis d'eau.

LES LÉGUMES-GRAINES

Pois nain

Deux variétés de pois nains.
Très adapté aux semis précoces, le pois à grain rond résiste au froid et à l'humidité, au climat du mois de mars lorsque les giboulées blanchissent encore la campagne en quelques minutes. Si vous semez votre potager à cette époque de l'année, c'est donc le pois à grain rond qu'il vous faut.
Dans les régions de climat doux comme le Midi et la côte atlantique, le pois se sème avant l'hiver lorsque la terre est encore chaude. Ce qui permet de récolter des petits pois à partir du mois d'avril. Dans les autres régions, il faut attendre le printemps.
Plus tard dans la saison, lorsque les températures commencent à monter, orientez-vous plutôt vers le pois ridé. À la différence du pois rond, cette variété résiste aux chaleurs de l'été.

Semis de mars à mai.
Les pois ridés et les pois ronds se cultivent de la même façon. Vous les semez soit en poquet, soit en ligne. Les deux méthodes se valent, l'essentiel étant de planter les graines dans un sol frais, bien drainé (pas les pieds dans l'eau) et pas trop calcaire. Attention, le petit pois peut devenir grand : ménagez-lui de l'espace !
1 Espacez les rangs de 50 cm. Vous creusez des trous de 5 cm de profondeur, espacés de 35 cm ou tracez un sillon de 5 cm de profondeur. S'il fait sec, arrosez le fond avant d'y déposer vos graines.
2 Déposez six à huit pois par trou ou une graine tous 2 cm dans le sillon. Couvrez les graines avec la terre extraite des poquets ou du sillon. Attention, les graines ne doivent pas être trop recouvertes. Inutile de tasser.

3 Selon la température, comptez une dizaine de jours avant la levée. Passé vingt jours, les graines pourrissent en terre.

Entretien et récolte.

Dès que les pois lèvent, vous griffez entre les lignes pour affiner la terre et lui donner de l'air. Lorsque les pousses atteignent 15 cm de hauteur, ramenez de la terre autour des pieds sur une épaisseur de 5 cm : cela aidera les pois à tenir debout lorsqu'ils se développeront. Le buttage permet également de maintenir la fraîcheur au pied du plant.

En période de chaleur et sécheresse, mieux vaut pailler entre les rangs, surtout pour les semis plus tardifs (pois ridés).

La récolte débute trois à quatre mois après le semis (sauf pour les pois semés en automne, qui se récoltent à partir du mois d'avril). Les pois se ramassent deux fois par semaine. Les enfants raffolent des pois récoltés jeunes, qui sont très tendres.

SAMEDI

DIMANCHE

ASTUCE DE PRO

DES TUTEURS POUR LES POIS

Bien qu'il s'agisse de variétés naines, les petits pois cultivés dans de bonnes conditions deviennent grands et ont tendance à grimper. Prévoyez donc des branchages que vous piquez contre les pieds : les plantes s'y accrocheront pour continuer à pousser. Quant à vous, vous aurez moins à vous baisser pour cueillir les petits pois. C'est toujours ça de pris !

AUTRES VARIÉTÉS DE POIS

POIS MANGETOUT	On en consomme les gousses entières lorsqu'elles sont encore jeunes, avant la formation des pois.
POIS À RAME	La variété Téléphone est la plus connue. Les pois à rame sont des pois grimpants (comme les pois de senteur) qui ont besoin d'un support (ou rame) pour s'y accrocher. Les rames à pois sont souvent constituées de branches de noisetier de plus d'un mètre de hauteur. Elles se plantent à l'intérieur des rangs, croisées comme des tipis d'Indiens. Cela permet aux gousses de se maintenir à l'extérieur, côté sentier. Vous pouvez aussi dérouler un grillage rigide le long des lignes ou des filets tenus à la verticale par des piquets. La culture est identique à celle des pois nains. Écartez les rangs de 70 à 80 cm.

Fève

Semis.

Peu exigeante, la fève est surtout appréciée dans les plats orientaux. Sa culture est identique à celle des pois. L'époque du semis commence à la fin février et dure jusqu'en avril. Les grosses graines se sèment en poquets de deux à trois graines sur 5 cm de profondeur, espacés de 15 cm dans la ligne, avec un écartement de 30 à 40 cm entre les rangs. Les fèves ont besoin d'espace pour fleurir généreusement.

Entretien et récolte.

Dès que les fèves sortent, binez et griffez la terre entre les poquets. Lorsque les plantules atteignent 15 cm de hauteur, buttez les pieds pour éviter qu'ils ne ploient sous le poids des gousses.

La récolte se fait environ trois mois après le semis.

ASTUCE DE PRO

COUPER LES POUSSES POUR DE PLUS BELLES GOUSSES

Les fèves fleurissent sur plusieurs étages. Coupez l'extrémité des pousses pour stopper la végétation et favoriser le développement des gousses.

Haricot

La culture des haricots est facile et ne demande que peu voire pas d'engrais, car ils enrichissent naturellement le sol en azote. Les haricots affectionnent une terre dont la température est au moins égale à 18 °C, avec une petite dose d'humidité. Lorsqu'il fait trop frais, la plante ne pousse pas et reste chétive : cela donne des haricots à fils. Si vos haricots se développent mal, vous n'aurez pas d'autre solution que de recommencer le semis. Attention, ne vous laissez pas déborder par la quantité ! Il est préférable de semer plusieurs séries espacées de quinze jours. Cela décalera d'autant les récoltes et vous évitera de vous retrouver avec des haricots à gogo dont vous ne saurez que faire.

AUTRES TYPES DE HARICOTS

HARICOT MANGETOUT	Présentant une gousse verte ou jaune, le haricot mangetout demeure tendre jusqu'à la formation des grains.
HARICOT FILET	Sa gousse est fine et droite. Cueilli jeune, il possède un goût très fin et savoureux.
HARICOT EXTRAFIN SANS FIL	Cette variété associe les qualités du haricot mangetout et du haricot filet. Elle donne des gousses vertes très fines et droites qui restent tendres, sans fil ni parchemin. Excellente saveur.
HARICOT À ÉCOSSER	Les haricots à écosser se consomment en grains, frais ou secs.
HARICOT À RAME	Très productifs, les pieds peuvent monter jusqu'à 2 mètres de haut. La culture se fait à l'aide de tuteurs ou rames.

Semis.
Comme les pois, les haricots se sèment en poquet ou en ligne. Les deux méthodes donnent le même résultat.
1 Dans une terre chaude (au moins 18 °C), tracez un sillon ou creusez des poquets sur 5 cm de profondeur à l'aide de votre plantoir. S'il fait sec, arrosez le fond de la tranchée. Espacez les rangs de 40 à 50 cm. La récolte sera plus abondante car les fleurs seront davantage visitées par les abeilles.
2 Semez les graines une à une en les espaçant de 5 cm ou déposez-en quatre à cinq par poquet. Puis replacez la terre sèche par-dessus. En principe, la levée se produit au bout d'une semaine. Passez aussitôt un coup de griffe entre les pousses, toujours pour affiner et aérer la surface du sol.

Entretien.
Pendant la culture, maintenez la terre humide, mais sans excès. Lorsque les haricots atteignent 15 cm de haut, effectuez un buttage autour des pieds. Binez et sarclez entre les rangs. Dès que la température monte, couvrez la terre avec un paillis. Évitez de pailler si le temps reste frais.

Récolte.
Les haricots verts en filet mettent 60 jours à mûrir. Ne les laissez pas trop engraisser : vous pouvez commencer la cueillette lorsqu'ils sont gros comme la moitié d'un crayon. Tous les deux à

trois jours, vous passez dans les rangs et faites votre récolte. En cueillant, prenez garde à ne pas tirer sur le pied, vous risquez de le déraciner.

• **Haricots mangetout :** ils peuvent se récolter jusqu'à la formation des grains.

• **Haricots grains :** ils se récoltent frais ou secs. Les haricots secs peuvent se conserver en bottes suspendues dans une pièce sèche ou à l'extérieur, au nord sous un appentis. Le gel est bénéfique pour la conservation des grains.

Maladies possibles.

• **Bruche du haricot grain (Acanthoscelides obtectus)**

Symptômes : Les haricots sont troués par un coléoptère. Pendant l'été, l'insecte adulte pond sur la fleur, puis la larve se développe à l'intérieur de la gousse.

Remèdes maison : Écossez les haricots et passez-les 24 heures au congélateur à – 10 °C pour tuer les larves. Sur le même principe, vous pouvez suspendre vos bottes de haricots dehors à la gelée, à l'abri de la pluie.

• **Mosaïque (Pseudomonas phaseolicola)**

Symptômes : La levée est normale, mais ensuite les pieds sèchent et les gousses deviennent grises, noires à l'intérieur.

Remède maison : Semez de nouvelles graines indemnes du virus et pratiquez la rotation des cultures : pendant trois ans, vous ne semez plus de haricots (ni d'autres fabacées) sur cette parcelle.

LES LÉGUMES-FRUITS

Tomate

La tomate est au potager ce que la rose est au jardin : elle est incontournable. N'hésitez pas à cultiver dix à vingt pieds de tomates, voire davantage. Avec un bon entretien, vous pouvez attendre une récolte de 4 à 6 kg par pied entre juillet et septembre. Soit des dizaines de kilos de fruits que vous trouverez rarement dans le commerce à moins de 2 € le kilo, même en pleine saison. Pour dix pieds bien cultivés, vous pouvez tabler sur une économie d'au moins 50 €. Et encore, à saveur et à qualité égales, vous ne vous en sortirez pas au supermarché à moins de 4 € le kilo !

Les tomates ont besoin de soleil, de chaleur, d'eau et une terre riche et bien drainée. En revanche, elles détestent avoir les feuilles mouillées : elles attrapent aussitôt des maladies.
Pour assurer votre récolte, achetez des barquettes de plants de tomates que vous repiquerez directement dans votre potager. Et si vous êtes plus téméraire (ou plus aguerri), vous pouvez démarrer vos pieds de tomates à partir des semis, en mini-serre ou dans une boîte fermée d'un couvercle.
Pensez également à acquérir en jardinerie des tuteurs à tomates en forme de spirale auxquels vos plants s'accrocheront pour pousser, ainsi qu'un paquet d'engrais spécial tomates.

Semis en mini-serre.
Dès le mois de mars, vous pouvez semer vos tomates à la chaleur : sur une couche chaude, à l'intérieur ou dans une mini-serre *(voir partie 3, Techniques et matériel pour avancer la saison)*.
1 Commencez par garnir le fond de la mini-serre avec un lit de billes d'argile sur 2 cm d'épaisseur.
2 Remplissez jusqu'en haut avec un terreau à semis (surtout, n'utilisez pas d'autres terreaux). Égalisez avec une règle. Puis tassez régulièrement avec une planchette en bois.

3 Creusez plusieurs petits sillons espacés de 2 cm. Cette technique permet de semer plusieurs variétés de tomates dans la même mini-serre ou terrine. Vous pouvez aussi associer les tomates à d'autres plantes aux besoins similaires : des aubergines, piments, poivrons.
4 Semez les graines une à une. Comptez vingt graines sur un sillon de 20 cm.
5 Couvrez très légèrement les graines avec le terreau à l'aide d'un tamis ou d'une vieille passoire.
6 Tassez une nouvelle fois les graines, elles doivent être parfaitement en contact avec le terreau.
7 Arrosez avec un pulvérisateur ou un arrosoir à pomme très fine, afin de ne pas saccager le semis.
8 Fermez la boîte à l'aide de son couvercle en plastique, et maintenez-le fermé hermétiquement jusqu'à la levée. Installez la mini-serre près d'une baie vitrée très éclairée.

Entretien en mini-serre.
Les mini-serres sont munies de petites aérations que vous pouvez ouvrir ou fermer. Il est important d'aérer la serre quelques minutes par jour pour que la condensation puisse s'évacuer. Maintenues à une température de 20 °C minimum, les tomates germent au bout d'une semaine.
Une fois les graines complètement levées (ce qui prend environ deux jours), retirez le couvercle pendant la journée pour le remettre le soir, de façon à maintenir une température constante. Il est très important de maintenir la mini-serre à la lumière vive. Sinon, les jeunes plantules filent en recherchant la lumière et se fragilisent.
N'arrosez la terrine ou la mini-serre que lorsque le terreau commence à sécher (il s'éclaircit alors en surface). Versez l'eau goutte à goutte sur le pourtour du récipient. L'humidité gagnera le cœur du semis par contact. Mieux vaut avoir une terre légèrement sèche que trop humide.

Premier repiquage.
Dix jours après la levée, repiquez les pousses en pépinière dans une terrine avec du terreau à semis. Ce premier repiquage renforce les jeunes tomates, elles deviennent plus résistantes.
Vous enfoncez les pousses jusqu'aux premières feuilles en les

espaçant de 2 cm. L'arrosage est très parcimonieux, la terre doit être à peine humide.

Second repiquage.

Deux semaines après ce premier repiquage, plantez les tomates en godets ou dans des pots de yaourt percés. Utilisez cette fois un terreau universel de rempotage.

Au moment du repiquage, vous arrosez copieusement, mais par la suite, vous maintenez la terre légèrement humide, sans plus, comme vous l'avez fait jusqu'ici.

À ce stade, les tomates ne peuvent plus rester à l'intérieur de la maison. Il faut les installer dans un abri hors gel (serre, tunnel, couche chaude...).

Implanter les pieds de tomates dans le potager.

Si vous avez acheté des barquettes de plants de tomates en godets, vous trouverez ci-dessous comment les installer dans votre potager.

Si vous avez vous-même semé et repiqué vos tomates, cette étape est celle où vous allez implanter les pieds de tomates sur votre lopin.

Les tomates sont des plantes gélives, autrement dit elles ne supportent pas les températures négatives. Pour les planter, vous devez donc être sûr que les gelées ne sont plus à craindre. Cela dépend des régions, mais en général on conseille d'attendre le mois de mai.

Vous pouvez toutefois planter vos tomates plut tôt, dès le mois d'avril, à condition de les abriter sous un tunnel, une serre à tomates ou une housse.

ASTUCE DE PRO

ABRITER LES TOMATES POUR LES PROTÉGER DU GEL

Pour protéger vos tomates, vous pouvez leur construire un abri avec des châssis surélevés ou simplement vous procurer un toit à tomates prêt à l'emploi. Vous pouvez également les abriter sous un tunnel en plastique, à condition de ne pas le fermer complètement, car la condensation favorise les maladies cryptogamiques (champignons). Sous l'abri, vous arrosez les plants à l'aide d'un tuyau poreux ou d'un goutte-à-goutte. Le goutte-à-goutte est le moyen le plus économique en eau, car seuls les pieds sont arrosés.

1 À l'aide de votre bêche, creusez des trous de 30 cm de profondeur sur 40 cm de largeur. En ligne comme entre les rangs, ils doivent être espacés de 50 à 80 cm. Si les tomates sont trop serrées, elles attrapent facilement des maladies comme le mildiou ou la pourriture.

2 Dans le fond du trou, ajoutez une poignée d'orties fraîches *(voir la partie 3, Nourrir la terre de votre potager).*

3 Versez par-dessus environ 5 litres de terreau universel ou de compost fait maison. Ajoutez une petite couche de terre de jardin afin que les racines du pied de tomates ne soient pas en contact direct avec le compost.

4 Pendant 5 minutes, faites tremper le pied de tomates en godet dans un seau d'eau. Il sera ensuite facile de retirer le plant de son pot. Enlevez également les petites feuilles situées au pied du plant.

5 Positionnez le pied de tomates de façon à ce que les premières feuilles soient situées légèrement au-dessus du niveau de la terre.

6 Épandez une poignée d'engrais organique (idéalement un engrais spécial tomates, en prenant le temps de bien lire la notice). Conservez une cuvette d'arrosage autour du pied et installez votre tuteur à tomates en forme de spirale. La première fois, vous arrosez copieusement.

4 Faites tremper le pied de tomates dans un seau d'eau

5 Positionnez le pied de tomates

6 Installez votre tuteur à tomates en forme de spirale.

Entretien des pieds de tomates dans le potager.

Pendant quelque temps, il n'est pas nécessaire d'arroser. Vous pouvez même attendre que les pieds de tomates fanent. En les privant d'eau, vous favorisez l'enracinement et obligez les racines à puiser l'humidité dans la profondeur du sol. Les plants absorberont par la même occasion les nutriments nécessaires à leur croissance dans le compost et les orties installés en dessous. Contraints de se débrouiller seuls, les pieds de tomates deviendront beaucoup plus résistants à la sécheresse. Vous pourrez partir en vacances sans vous soucier de l'arrosage.

Paillage du sol autour des plants.
Toujours dans le but d'économiser l'eau et d'éviter les désherbages, paillez entre les pieds de tomates avec de la paille, des tontes de gazon, des copeaux de bois, des paillettes de chanvre ou de lin, des orties broyées.

Paillage du sol autour des plants

Taillez les gourmands.
Au fur et à mesure que les gourmands poussent le long de la tige principale, retirez-les : ils vivent au détriment des fruits. N'attendez pas trop longtemps car vous risquez de déchirer les tissus et de provoquer des maladies. Si la tige est trop grosse,

coupez-la avec un sécateur. Ne conservez qu'une seule tige pour cinq bouquets de fleurs. Si vous cultivez sous serre, vous augmenterez ainsi le nombre de bouquets. Les feuilles malades doivent être supprimées.

ASTUCE DE PRO

INSÉMINER ARTIFICIELLEMENT LES TOMATES

Lorsque les températures restent basses pendant la journée avec un manque de soleil, les pieds de tomates reçoivent peu de visites d'abeilles butineuses, voire pas du tout. Les fleurs ne sont pas fécondées : elles coulent, ce qui retarde la production de fruits d'une à deux semaines. Vous pouvez remplacer l'abeille en pratiquant l'insémination artificielle. Il suffit de récolter le pollen d'une fleur et de le déposer sur une autre.

Maladies possibles.

• Pied noir (Didymella)

Symptômes : La base de la tige noircit.
Remède maison : Arrachez les pieds malades.

• Cul noir (Blossom-end rot)

Symptômes : Les tomates présentent une tache noire à la base. Le fruit pourrit.
Remède maison : Arrosez régulièrement et apportez des cendres de bois à la plantation.

• Alternariose

Symptômes : Les feuilles sont maculées des taches noires qui gagnent les tiges. Cette maladie est favorisée par de fortes rosées ou un arrosage trop copieux.
Remède maison : Réduisez voire stoppez l'arrosage.

• Mildiou

Symptômes : Les feuilles prennent un aspect huileux, jaunâtre, puis brunissent. Les fruits sont bosselés avec des taches brunes à partir du pédoncule. Ce champignon apparaît par temps humide, après un orage, un arrosage sur les feuilles, une période pluvieuse.
Remède maison : Abritez les pieds sous un toit.

• Nématodes

Symptômes : Le pied de tomates reste chétif. Des petits asticots se trouvent à l'intérieur des tiges.
Remède maison : Pratiquez de longues rotations de culture (plusieurs années sans replanter de tomates sur une même parcelle).

Associez aux pieds de tomates des plantes antagonistes (œillets d'Inde, tagètes, soucis…). Épandez du tourteau de neem, un amendement végétal issu du fruit du neem.

• Carence en potasse

Symptômes : Au moment de la récolte, les tomates présentent un collet jaune ou vert pâle atteignant parfois le cœur.

Remède maison : Utilisez un engrais spécial tomate riche en potasse. Apportez des cendres de bois à la plantation.

Récolter ses propres graines.

1 Pressez dans des récipients d'eau la pulpe de plusieurs tomates saines et laissez macérer les graines pendant plusieurs jours.

2 Versez les graines dans un tamis ou une vieille passoire.

3 Retirez les moisissures et rincez les graines sous l'eau. Elles doivent normalement se séparer les unes des autres.

4 Étalez soigneusement les graines dans des assiettes ou soucoupes, en prenant garde qu'elles ne soient pas collées entre elles. Laissez-les sécher pendant plusieurs jours dans un endroit bien aéré (grange, garage, rebord de fenêtre). Méfiez-vous des oiseaux : ils en raffolent !

5 Une fois les graines sèches, stockez-les dans des enveloppes où vous inscrirez la date de récolte et la variété (si vous la connaissez, sinon rédigez une brève description de la couleur, de la taille et du goût des tomates). Les graines de tomates se conservent pendant quatre ans dans l'obscurité et au frais.

Aubergine

L'aubergine est un petit buisson qui peut monter à un mètre de hauteur. Les fruits sont généralement violets et allongés, mais il existe des variétés qui donnent des fruits ronds et de diverses couleurs, noirs, blancs…

Gourmandes, les aubergines exigent un sol riche en humus et une exposition chaude. Au moment de la mise en place des plantes, vous supprimez les pousses qui se montrent au collet et à l'aisselle des premières feuilles. En ne conservant que la tige principale, vous évitez l'épuisement de la plante par ces ramifications de base peu fertiles.

Plantation.
Les aubergines se cultivent de la même manière que les tomates. Ne laissez que cinq à six fruits se développer par pied.

Taille.
On taille les aubergines en les pinçant. Cela fortifie et protège les plants et leur permet de produire de beaux fruits sans s'épuiser.
• **1re taille :** La tige principale des aubergines s'allonge rapidement et donne un, puis deux groupes de fleurs. Coupez cette tige principale en la pinçant juste au-dessus des fleurs. Vous constatez alors la présence, au voisinage des fleurs, de trois ou quatre bras latéraux, qui grâce au pincement vont s'allonger et fleurir à leur tour.
• **2e taille :** Lorsque les rameaux s'allongent et fleurissent à leur tour, vous les pincez au-dessus de la deuxième fleur. Faites de même avec les branches qui se développent au-dessus de deux fleurs ou groupes de fleurs.
Par la suite, procédez à des ébourgeonnements afin de limiter le nombre des pousses nouvelles qui épuisent la plante.

Poivron

Les poivrons, les aubergines et les tomates ont les mêmes exigences. Ce sont les plantes du soleil, de la chaleur, gourmandes en eau et en nourriture. Les soins et cultures sont pratiquement identiques. Les poivrons et les piments sont moins délicats que les aubergines et les tomates.

Semis.
De février à avril, vous semez les poivrons en terrine à l'intérieur (sous une véranda, par exemple), en serre chauffée ou en pépinière sur une couche chaude, à une température de 20 °C.

Repiquage.
Vous repiquez vos plants de poivrons en avril-mai, dans une terre riche en humus.

Entretien et récolte.
Les poivrons s'entretiennent comme les pieds de tomates. Laissez au maximum une dizaine de fruits par pied. La récolte a lieu en août-septembre.

Melon

Vous pouvez cultiver des melons partout en France, à condition de les abriter. Pour être bien savoureux et sucrés, les melons ont besoin de soleil et surtout de chaleur.

Semis.
Pour avoir de bonne heure des melons, vous devez les semer en pot à partir du mois de mars, à la chaleur, c'est-à-dire sous une serre, une véranda ou sur une couche chaude. La température doit se maintenir à 20 °C au minimum, de jour comme de nuit.
Les graines germent trois à quatre jours plus tard. Maintenez ensuite les jeunes melons à la chaleur.

Repiquage.
Si vous ne possédez pas d'abri chauffé et éclairé, mieux vaut vous procurer de jeunes plants chez un maraîcher afin de les repiquer directement dans votre jardinet à partir du 15 mai, quand la chaleur s'installe. Si le climat de votre région est doux, vous pouvez repiquer dès le mois d'avril.
Au début de la culture, il est intéressant de protéger les plants sous un tunnel ou un châssis, en y ajoutant un voile de forçage.

Entretien.
Arrosez souvent vos plants de melons, de préférence le matin, sans mouiller le feuillage.
Afin de conserver l'humidité et d'avoir par la suite des melons propres, paillez la terre entourant les pieds.
Méfiez-vous des limaces, qui adorent les melons lorsqu'ils sont jeunes. En prévention, vous pouvez disperser autour des pieds quelques granulés anti-limaces Ferramol, un produit à base d'éléments naturels, écologique et utilisable en agriculture biologique.

Taille.
Les melons hybrides F1 n'ont pas besoin d'être taillés pour fructifier. Il suffit de les laisser pousser et les melons se forment sur les tiges coureuses. Les autres espèces dites fixées (non hybrides) ne produisent de melons qu'à condition d'être taillées.

Le melon produit une tige principale vigoureuse qui s'allonge rapidement. À l'aisselle de chaque feuille apparaît une tige secondaire plus grêle. C'est sur ces ramifications que naissent les fleurs. Les premières sont toujours des fleurs mâles, ensuite seulement apparaissent les fleurs femelles. La taille permet de corriger la végétation au profit du fruit. Pour récolter de gros fruits sucrés, ne conservez que quatre à cinq melons par pied.

- **1re taille :** La première taille débute lorsque la tige principale des melons possède deux ou trois feuilles. Les pousses peuvent être encore en godets ou sur le point d'être plantées : vous pouvez parfaitement effectuer la taille au moment du repiquage. Avec un couteau ou un greffoir très bien affûté, étêtez ou châtrez juste au-dessus des deux premières feuilles.
- **2e taille :** Pincez au-dessus de la troisième feuille des rameaux secondaires : cela permettra le départ de six rameaux tertiaires de vigueur moyenne, porteurs de quelques fleurs mâles d'abord, puis de fleurs femelles. Les fleurs femelles sont nouées (fécondées) lorsqu'elles montrent un renflement de leur ovaire.
- **3e taille :** Sur les nouvelles ramifications, pincez à nouveau au-dessus de la troisième feuille. Dès que deux fruits sont bien noués, pincez deux feuilles plus haut les rameaux qui les portent. Supprimez les autres fruits, car leur présence nuit à leur précocité et à leur volume.

ASTUCE DE PRO

UN TOIT… EN DESSOUS !

Afin que vos melons restent propres et isolés de l'humidité de la terre, glissez une tuile ou une ardoise en dessous d'eux.

Concombre

Plantation.

Les concombres sont comme les melons : ils sont frileux et ne peuvent être plantés ou semés que lorsque la terre se réchauffe. Leur culture est en tout point identique. Vous les plantez dans une terre enrichie avec du compost ou du fumier décomposé.

En principe, les concombres vendus en barquette sont des hybrides parténocarpiques, c'est-à-dire que le fruit est une transformation de l'ovaire sans fécondation ni formation de graines. À chaque fleur, on obtient un fruit sans l'aide des abeilles. Ce genre de concombre est intéressant pour la culture sous serre.

Taille.
La taille des concombres permet d'obtenir de plus beaux fruits et d'échelonner la production. Ne conservez que quatre fruits par pied. Dès qu'ils ont atteint le tiers de leur développement, laissez-en accrocher quatre autres. Et ainsi de suite...

ASTUCE DE PRO

POUR QUE LES CONCOMBRES NE PRENNENT PAS TROP LEURS AISES...
Si vous plantez des concombres au sol, les tiges vont s'allonger et occuper rapidement plusieurs mètres carrés. Afin d'économiser de la place, vous pouvez les faire grimper sur un grillage rigide. Les fruits suspendus grossissent et s'allongent grâce à la pesanteur et bénéficient d'un maximum de luminosité (ils ne présenteront donc pas de face jaune).

Semis à l'intérieur en godet.
Semez à l'intérieur en mars-avril à raison de trois graines par godet en plastique ou en tourbe. Recouvrez les graines avec un centimètre de terreau. Conservez les godets à une température de 20 °C environ, devant une fenêtre ou dans une véranda. Après la levée, lorsque les concombres sont bien développés, ne conservez qu'un seul plant par godet.

Cornichon

Les cornichons se cultivent comme les melons et les concombres, à la différence qu'il n'est pas conseillé de les tailler.
Pour obtenir une récolte abondante, semez en pleine terre dans un sol riche en compost, dans des poquets espacés d'un mètre. Vous semez cinq graines par poquet. Comme pour les concombres, une astuce consiste à faire grimper les pieds le long d'un grillage. Vous cueillez les jeunes cornichons au fur et à mesure qu'ils poussent. Ne les laissez pas trop grossir, car les pieds cesseraient de produire par la suite. Lorsqu'il grossit, un cornichon devient un concombre.

Courge et courgette

Une courgette est une petite courge. Autrefois, on ne connaissait que des variétés de coureuses. Aujourd'hui, ce légume devient de plus en plus sédentaire et fructifie au centre du pied sans « bouger ». Finies, les cavalcades à travers les parcelles ! Ensemencer un mètre carré suffit pour récolter un panier de courges.

Multiplication.
La multiplication (reproduction artificielle) se fait par semis lorsque les gelées ne sont plus à craindre. Creusez des poquets où vous déposez trois graines.

ASTUCE DE PRO

UNE CLOCHE POUR DOPER LES COURGES
Couvrez le semis de courges à l'aide d'une cloche ou d'une bouteille en plastique découpée. Lorsque les feuilles occupent la totalité de la bouteille, retirez-la et paillez autour des pieds.

Faire germer les courges pour les faire grandir en pot.
Avant de semer les cucurbitacées, faites tremper les graines dans l'eau pendant une nuit, puis plantez-les dans un godet au chaud et dans le noir complet (sous-sol, cave…). Dès la levée, installez les pots à la lumière dans le jardin, à l'abri du froid.

SAMEDI

DIMANCHE

Maladies possibles.

• Les pourritures grises (Botrytis cinerea) ou blanches (Sclerotinia sclerotiorum).

Symptômes : Les fleurs pourrissent. Les pourritures se développent dans l'humidité, mais surtout par un manque d'ensoleillement.

Remède maison : Paillez les plants lorsque les courgettes commencent à fleurir (mais surtout pas avant) pour que les fruits restent au sec. Ne conservez qu'un seul pied qui doit être au soleil.

Potiron et potimarron

Si vous envisagez de cultiver des potirons ou potimarrons, il va vous falloir de la place. La culture est semblable à celle des courges, à la différence que le potiron et le potimarron courent...

Semis sur gazon.

Pour semer des potirons ou potimarrons, pas besoin de retirer le gazon. Faites un trou dans la pelouse en retirant 10 litres de terre que vous remplacez par du compost. Semez trois graines de potiron ou potimarron. Les plants vont occuper 10 m² de gazon où vous n'aurez plus besoin de tondre.

Récolte.

Les fruits se récoltent à pleine maturité vers le 15 octobre, juste avant les premières gelées. Coupez le pédoncule et laissez-les sécher plusieurs jours au soleil, isolés du sol. Lavez et brossez les potirons avant de les rentrer dans un local bien aéré. Évitez de les cogner. Les potirons se conservent entre 10 et 25 °C.

ASTUCE DE PRO

POUR AVOIR DE TRÈS GROS POTIRONS...

Lorsque les branches grandissent, vous les marcottez de façon à ce qu'elles s'enracinent et alimentent davantage le fruit. Cela évite que les tiges ne se dessèchent prématurément. Le marcottage se réalise en déposant un seau de terreau sur les branches à un ou deux mètres du pied. Comme chez beaucoup de cucurbitacées, les fleurs femelles se forment sur les branches secondaires. Coupez dès que possible la tige principale pour favoriser les branches latérales, porteuses de fleurs femelles.

Fraisier

Il existe deux grandes catégories de fraisiers : les variétés remontantes et les variétés non remontantes. Les fraisiers remontants fructifient à partir du mois de juin et jusqu'aux gelées. Quant aux fraisiers non remontants, ils rapportent une seule fois entre juin et juillet. Dans un potager, il est intéressant de planter les deux catégories pour varier les goûts et les récoltes.
À partir du mois de mars, vous trouvez facilement dans les jardineries des fraisiers en barquette de six ou dix godets. Leur plantation ne pose aucune difficulté. Profitez-en pour acheter une bâche de plastique noir qui facilitera votre culture, ainsi qu'un sac d'engrais organique spécial fraisiers.

Plantation.
Les fraisiers se plantent sur un terrain propre. Auparavant, prenez soin de retirer les racines de chiendent et de liseron. Une fraiseraie est vite envahie par les herbes indésirables. Pour obtenir des fraises propres et sans herbes, vous pouvez planter vos fraisiers sur une bâche en plastique noir.
1 Avant de placer la bâche, amassez une butte régulière de 60 cm de large sur 20 cm de haut. Profitez-en pour enrichir le sol avec de l'engrais spécial fraisiers. Si la terre est sèche, arrosez généreusement.
2 Étendez la bâche sur la butte et fixez-la avec de petits crochets. Elle doit être tendue, sans poches d'air.
3 Fendez la bâche en X tous les 30 à 40 cm pour y introduire les fraisiers.
4 Tassez autour des plants en ménageant de petites cuvettes et arrosez copieusement.

Entretien.
Pendant la végétation, maintenez les fraisiers dans l'humidité. Ensuite, il ne vous reste plus qu'à attendre la floraison. Vous pouvez avancer la production de fruits en couvrant vos fraisiers avec un tunnel ouvert de chaque côté.

Différentes variétés.
Il existe d'innombrables variétés de fraises parmi lesquelles vous n'aurez que l'embarras du choix. Tout dépend de la région où vous

habitez, de la qualité de votre sol (certaines variétés n'aiment pas les sols calcaires), de l'époque de production que vous recherchez… et surtout de vos goûts !

Le tableau qui suit recense quelques-unes des variétés les plus connues. Vous en trouverez bien d'autres en jardinerie, y compris des variétés de bordure et décoratives.

DIFFÉRENTES VARIÉTÉS DE FRAISIERS

Fraisiers remontants	Plante	Fruit	Saveur
HUMMI GENTO	Vigoureuse, récolte de fin juillet aux gelées	Très gros, allongé, aplati, rouge vif un peu foncé	Chair ferme, juteuse, très sucrée
BRIGHTON	Vigoureuse à port dressé, récolte de juillet aux gelées	Forme conique, très bon calibre, rouge vif	Chair très ferme, qualité gustative moyenne
OSTARA	Robuste formant une touffe, récolte de mi-juillet aux gelées	Forme conique, régulière, rouge vif mais petit calibre assez faible	Assez ferme, bonne qualité
MARASTIL	Vigueur moyenne, récolte de juillet aux gelées	De très bon calibre, belle présentation	Excellente qualité

Fraisiers semi-remontants	Plante	Fruit	Saveur
RED GAUNTLET	Peu vigoureuse, récolte de juillet aux gelées	Forme régulière, calibre moyen à gros, rouge vif	Très ferme, assez peu juteuse, saveur peu sucrée, plutôt acidulée
MARA DES BOIS	Port semi-dressé, à moyenne végétation, récolte de juillet aux gelées	Forme conique, allongée, calibre moyen, couleur pourpre et chair rouge clair	Bonne fermeté, bonne qualité gustative : parfum de fraise des bois
REVADA	Vigueur moyenne, récolte de juillet aux gelées	Forme conique, bon calibre, rouge vif orangé	Ferme et de qualité

Fraisiers précoces	Plante	Fruit	Saveur
ELVIRA	Plante de faible végétation	Forme conique, rouge clair, bon calibre	Ferme et de bonne qualité gustative
GARIGUETTE	Assez vigoureuse	Forme biconique allongée régulière, calibre moyen, rouge vif très brillant	Bonne fermeté, bonne qualité gustative
SÉQUOIA	Vigoureuse, peu sensible aux sols calcaires	Gros fruit conique, rouge vif brillant	Fermeté moyenne, saveur excellente
FAVETTE	Vigoureuse à feuillage développé, éviter les sols calcaires	Gros fruit en début de récolte, forme arrondie, couleur rouge vif	Très ferme et d'excellente qualité gustative
ELSANTA	Vigueur moyenne	Calibre moyen, forme conique allongée, rouge vif brillant, chair orangée	Ferme, bonne qualité gustative
SURPRISE DES HALLES	Vigueur moyenne	Calibre moyen en début de récolte puis devient petit, forme arrondie, rouge vif	Fermeté moyenne, très bonne qualité gustative
BELRUBI	Vigoureuse, tolérante au calcaire	Gros fruit (de 20 à 40 g !) de forme conique allongée, couleur rouge groseille très brillant	Ferme, très bonne qualité gustative

Fraisiers tardifs			
SENGA SENGANA	Vigoureuse	Calibre moyen, rouge foncé	Très ferme, très bonne saveur un peu musquée

Fraises des bois			
FRAISE SAUVAGE, CAPRON	Vigoureuse	Petit calibre, rouge clair	Ferme et parfumée comme un bonbon
REINE DES VALLÉES	Variété sans stolons qui se multiplie par semis, maturité de mai à novembre	Type fraise sauvage mais de calibre supérieur	Petit est très parfumé

Multiplier les fraisiers par stolons.

À partir du mois d'août, vous pouvez multiplier vous-même les fraisiers en utilisant les stolons (ou gourmands), ces tiges qui poussent à l'horizontale sur vos pieds et rampent sur la terre. Cela vous permettra de renouveler vos fraisiers, qui s'épuisent après quelques années, sans avoir à acheter de nouveaux plants. Vous choisissez les stolons les plus sains, garnis de feuilles vertes, vous les coupez et vous en retirez toutes les feuilles tachées. Vous préparez la future parcelle de fraisiers en fertilisant le sol avec un engrais organique, par exemple du tourteau de neem. Il ne vous reste plus qu'à implanter les stolons. Tassez bien la terre autour des jeunes plants et arrosez.

Maladies possibles.

- **Thrips (Frankliniella occidentalis)**

Symptômes : Les fleurs sont vertes et dépourvues de fruits. Une mince pellicule liégeuse de couleur terne se forme sur les fruits, surtout quand il fait chaud et sec. Les variétés remontantes sont plus sensibles.
Remède maison : Par temps chaud et sec, humidifiez les fraisiers. Suspendez à proximité des plaques engluées de couleur bleue.

- **Maladie des taches pourpres (Marssonina fragariae)**

Symptômes : De nombreuses taches circulaires rouges apparaissent sur les feuilles. C'est la pluie qui provoque cette maladie.
Remède maison : Éliminez les feuilles malades et brûlez-les.

PLANTES ET HERBES AROMATIQUES

Pour cultiver des plantes aromatiques, l'option la plus simple est d'acheter des plants vendus en godets que vous repiquerez en place sur votre potager. Le repiquage se fait selon la méthode classique et ne pose aucun problème. Vous bénéficierez plus rapidement de bonnes herbes pour aromatiser vos plats.
Vous pouvez également opter pour le semis (selon la méthode classique également) ou la multiplication par bouturage, marcottage, séparation de pied, très faciles à exécuter une fois que vous avez cultivé la première touffe.

Menthe poivrée

- **Plantation :** Toute l'année sauf l'hiver.
- **Exposition :** Soleil, mi-ombre, ombre.
- **Multiplication :** Division d'éclats de racines ou semis au printemps.
- **Conservation :** Le séchage doit être très rapide pour éviter le noircissement des feuilles et des tiges. Quand les feuilles sont sèches, détachez-les des tiges et placez-les dans des boîtes hermétiques. Conservez-les à l'obscurité.

ASTUCE DE PRO

CONTRÔLER LA MENTHE
Pour empêcher la menthe de gagner du terrain et d'envahir votre lopin, plantez-la dans un pot que vous enterrez. Elle s'y tiendra bien sagement !

Sarriette

- **Plantation :** Printemps.
- **Exposition :** Soleil.
- **Multiplication :** Semis à la volée au printemps, bouture de tête (installer une tête de sarriette dans un godet de terre enrichie), marcottage, division de pied.
- **Récolte et conservation :** Les feuilles se récoltent toute l'année et sèchent à l'ombre.

ASTUCE DE PRO

LA SARRIETTE, RABATTEZ-LA !
Pour rendre un pied de sarriette plus prolifique, rabattez-le à 10 cm du sol au printemps. Résultat garanti.

Romarin

- **Plantation :** Printemps.
- **Exposition :** Soleil.
- **Multiplication :** Le bouturage est la solution la plus simple et la plus rapide (planter une branche débarrassée de ses fleurs et de ses ramifications dans un godet, dans une terre enrichie). Divisez les touffes à l'automne ou au printemps pour obtenir plusieurs massifs.
- **Récolte et conservation :** Toute l'année. Sec, le romarin conserve ses arômes s'il est placé dans une boîte fermée hermétiquement, à l'abri de la lumière. On peut aussi le congeler pour accentuer son parfum.

SAMEDI

DIMANCHE

Origan vulgaire doré

- **Plantation :** Printemps.
- **Exposition :** Soleil.
- **Multiplication :** Division de touffes et semis au printemps.
- **Récolte et conservation :** Toute l'année.

Céleri perpétuel ou ache des montagnes ou livèche

- **Plantation :** Printemps en godet.
- **Exposition :** Mi-ombre ou soleil.
- **Multiplication :** Division de touffes au printemps ou semis en août.
- **Récolte et conservation :** Cueillez les feuilles fraîches au fur et à mesure de vos besoins. Au bout de deux à trois ans, lorsque le pied devient important, vous avez la possibilité d'arracher quelques racines à l'automne. Coupez-les en morceaux et faites-les sécher. Fraîches, les racines se congèlent très bien.

BON À SAVOIR

UTILISATIONS DU CÉLERI PERPÉTUEL

Les feuilles fraîches s'utilisent comme le céleri branche, en salade, soupe, sauce, avec les viandes. Les racines sèches remplacent agréablement le poivre. Les graines, au goût piquant, sont utilisées avec les légumes au vinaigre.

Angélique

- **Plantation :** Printemps.
- **Exposition :** Soleil.

Multiplication : L'angélique se sème immédiatement après la récolte car les graines ne se conservent pas. Si vous ratez le coche, il faudra attendre le printemps suivant. Recouvrez légèrement les graines avec un peu de terreau. S'il fait sec, arrosez tous les jours jusqu'à la levée des plantules. Attention, les graines doivent être peu enterrées. Servez-vous de feuilles de journal pour assurer une humidité suffisante jusqu'à la levée. En septembre, repiquez les jeunes plants.

Récolte : Les tiges sont bonnes à couper de mai à juin de l'année suivante. Les tiges, les côtes ou pétioles peuvent être confites au sucre.

Ciboulette ou ciboule

Plantation : Toute l'année sauf l'hiver.

Exposition : Soleil, mi-ombre ou ombre.

Multiplication : Semis ou division de touffes (bulbes).
La fleur de ciboulette est délicieuse en salade.

ASTUCE DE PRO

DE LA CIBOULETTE FRAÎCHE EN HIVER
Pour avoir des feuilles de ciboulette fraîches en hiver, transplantez une touffe dans un pot que vous rentrez au chaud. Au bout de quelques jours, les fines herbes sortent de terre. Il ne vous reste plus qu'à les couper et à les consommer.

Basilic grand vert

Plantation : Printemps, après les gelées.

Exposition : Soleil (au moins cinq heures par jour).

Multiplication : Semis en avril-mai lorsque la terre est chaude (elle doit dépasser 15 °C). Le basilic est une plante frileuse.

Récolte et conservation : Un mois après la plantation, prélevez délicatement les tiges et les feuilles par pincement en fonction

SAMEDI DIMANCHE

des besoins. Laissez toujours quelques feuilles pour que la plante puisse continuer à pousser. En juillet-août, vous pouvez congeler les feuilles, mais pas les sécher : le basilic séché perd son arôme. Mixé en pâte avec de l'huile d'olive, il se conserve plusieurs jours dans le réfrigérateur.

Coriandre ou persil arabe

- **Plantation :** Printemps.
- **Exposition :** Soleil.
- **Multiplication :** Semis au printemps. Les graines sont capricieuses, la levée ne s'effectue que sur une terre chaude (plus de 15 °C).
- **Récolte et conservation :** De juin à août, dès que les graines sont presque mûres. La récolte se fait avant l'épanouissement total des fruits. Seules les graines sont utilisées en cuisine : les feuilles ont une forte odeur de punaise de bois. Les racines blond clair sont fibreuses et fuselées, un peu comme celles de la carotte.

Estragon français

Attention, ne confondez pas l'estragon français (Artemisia dracunculus) et l'estragon russe (Artemisia dracunculoides) issu de semis, qui est insipide.

- **Plantation :** Printemps.
- **Exposition :** Soleil ou mi-ombre.
- **Multiplication :** Division d'éclats au printemps, boutures en été.

SAMEDI

DIMANCHE

Thym ordinaire

Plantation : Printemps.

Exposition : Soleil.

Multiplication : Semis au printemps dans une terre légère sans terreau, bouture de tête, marcottage toute l'année. Tous les trois ans, en avril, éclatez le pied en plusieurs morceaux avec les racines. Coupez les tiges à 10 cm du collet et enterrez chaque éclat de façon à ce que les rameaux dépassent légèrement.

Récolte et conservation : Cueillez les rameaux le matin après la rosée, avant que le soleil ne se mette à chauffer, sinon les huiles essentielles s'évaporent. Faites sécher les branches en bouquet, la tête en bas, à l'ombre dans une pièce aérée. Un fois séché, le thym se conserve à l'abri de la lumière dans des bocaux en verre ou des récipients en plastique. Il se conserve pendant environ un an puis il perd peu à peu sa teneur en huile essentielle.

Cerfeuil commun

Exposition : Soleil (pas trop ardent) et mi-ombre.

Sol : Léger, frais, riche en humus.

Multiplication : Semis de mars à avril au soleil et bien exposé, puis à partir du mois de mai jusqu'en août à l'ombre et au frais. En septembre, on peut semer à nouveau le cerfeuil au soleil.

Récolte et conservation : On commence à couper les feuilles avec un couteau, un mois après le semis. Pour que les feuilles soient bien parfumées, ne laissez pas pousser la plante au-delà de 20 cm. Ne faites pas bouillir le cerfeuil, il perdrait son arôme.

BILAN

BILAN DE VOTRE WEEK-END

Fermez les yeux, ouvrez-les... Vous ne rêvez pas, vous avez sous les yeux votre potager ! À présent, il ne reste plus qu'à l'entretenir et à attendre la première récolte. Place à la patience, à l'entretien... et à un peu d'organisation, afin de ne pas vous embrouiller !

Il est probable que la répartition des espèces sur votre potager ne corresponde pas exactement au plan que vous avez réalisé hier. C'est pourquoi nous vous proposons de le mettre à jour en consignant avec soin, sur cette double page, les espèces que vous cultivez désormais sur votre lopin.

- **Sur la première page,** reproduisez le dessin de votre potager, découpé en différentes parcelles que vous numérotez.
- **Dans le tableau de la seconde page,** vous consignez les espèces que vous avez implantées, la date de semis, la date approximative de la première récolte... Ainsi, pas d'erreur possible. N'hésitez pas à compléter le tableau si vous effectuez de nouveaux semis, ni à le reproduire lorsque vous effectuerez la rotation des cultures.

LE PLAN DE MON POTAGER

TABLEAU DE CULTURES

Parcelle n°	Espèce	Variété	Semis ou repiquage ?	Date de plantation	Date prévue de première récolte

COMMENTAIRES

NE PAS OUBLIER

PARTiE 3

POUR ALLER PLUS LOiN...

À présent que votre rêve est devenu réalité, vous vous demandez peut-être comment enrichir votre terre pour entretenir sa fertilité, ou comment vous débarrasser des limaces, des insectes, des petits animaux et des herbes indésirables qui guettent vos cultures...
Vous avez peut-être envie de vous essayer à des techniques plus sophistiquées : couches chaudes, tunnels et autres méthodes suggérées dans ce livre pour cultiver certains légumes.
Dans cette troisième partie, vous trouverez un tableau synthétique des époques de semis et de récolte selon les espèces, des informations complémentaires qui répondront à toutes ces questions... et d'autres conseils judicieux pour entretenir votre potager au fil des mois !

1

Calendrier de semis et de récolte plante par plante

2

Nourrir la terre de votre potager

3

Démarrer un compost

4

Désherber sans herbicide

5

Lutter contre les nuisibles

6

Techniques et matériel pour avancer la saison

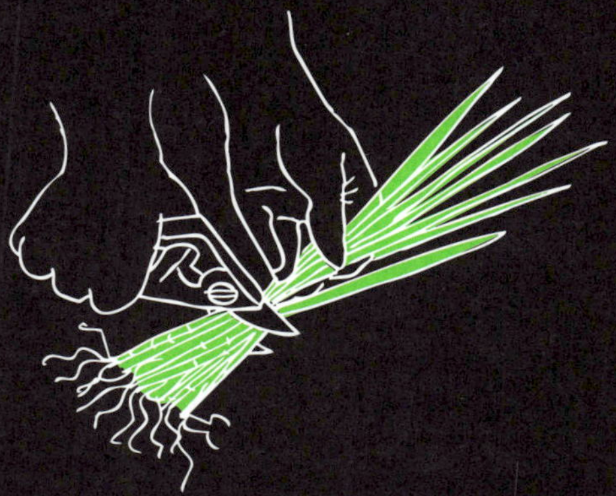

7

Moissonner ses graines

1

CALENDRIER DE SEMIS ET DE RÉCOLTE PLANTE PAR PLANTE

Pour vos futurs semis et la récolte de vos légumes, vous pourrez consulter le calendrier qui suit, où sont répertoriées les dates de semis et de récolte des plantes potagères traditionnelles. Bien entendu, ces dates peuvent varier quelque peu selon les régions et les années.

CALENDRIER DE SEMIS ET DE RÉCOLTE PLANTE PAR PLANTE

Légende.

- (vert) Les mois de semis.
- (noir) Les mois de récolte.

Mentions particulières :

Chal. Sur couche chaude exclusivement.
Abri. Culture sous abri de préférence.
Repiq. Par repiquage de préférence.

Lorsqu'aucune mention particulière n'est faite, vous pouvez semer (et attendre une récolte) en pleine terre.

		JANVIER	FÉVRIER	MARS	AVRIL	MAI	JUIN	JUILLET	AOÛT	SEPTEMBRE	OCTOBRE	NOVEMBRE	DÉCEMBRE
AIL	Semis		■	■						■	■		
	Récolte							■	■				
ARTICHAUT	Semis			Repiq.	■								
	Récolte									■	■		
AUBERGINE	Semis		Chal.	Abri.	Abri.	■	■						
	Récolte						Abri.	■	■	■	Abri.	Abri.	
BASILIC	Semis			Chal.	Chal.	Abri.	■	■					
	Récolte					■	■	■	■	■	Abri.		
BETTERAVE ROUGE	Semis			Abri.	■	■							
	Récolte						■	■	■	■	■	■	
CAROTTE	Semis		Abri.	■	■	■	■						
	Récolte						■	■	■	■	■	■	
CÉLERI BRANCHE	Semis			■	■	■							
	Récolte						■	■	■	■	■		
CÉLERI RAVE	Semis			■	■	■							
	Récolte								■	■	■	■	

JANVIER
FÉVRIER
MARS
AVRIL
MAI
JUIN
JUILLET
AOÛT
SEPTEMBRE
OCTOBRE
NOVEMBRE
DÉCEMBRE
CERFEUIL
CHICORÉE FRISÉE
CHICORÉE SCAROLE
CHOU BROCOLI
CHOU DE BRUXELLES
CHOU-FLEUR
CHOU VERT ET ROUGE
CONCOMBRE
CORNICHON
COURGE ET COURGETTE
CRESSON ALÉNOIS
ÉCHALOTE
ÉPINARD
ENDIVE
FENOUIL DOUX
FÈVE
HARICOT GRAIN
HARICOT VERT
LAITUE BATAVIA
LAITUE POMMÉE
MÂCHE
MAÏS DOUX
MELON
NAVET
OIGNON BULBE
PANAIS
PERSIL
POIREAU
POIRÉE
POIS
POIVRON ET PIMENT
POMME DE TERRE
POTIRON / POTIMARRON
RADIS
ROQUETTE
TOMATE
Chal.
Abri.
Repiq.

2

NOURRIR LA TERRE DE VOTRE POTAGER

Tester votre terre

Avant d'enrichir la terre de votre jardin, il est intéressant d'en connaître la nature.

Votre terroir. Que cultive-t-on près de chez vous ? Quelles sont les qualités de votre région ? Discutez, renseignez-vous : il y a de grandes chances pour que vous retrouviez sur votre lopin les avantages et les contraintes que rencontrent agriculteurs et jardiniers. Au passage, vous recueillerez quelques trucs et astuces que vous vous empresserez de tester sur votre parcelle...

Acidité. Votre terre est-elle acide ou calcaire ? Ceci est un élément absolument déterminant, en particulier pour le choix des variétés de légumes. L'unité de mesure de l'acidité est le pH (potentiel d'hydrogène). Des kits vendus en jardinerie avec un mode d'emploi détaillé permettent d'effectuer une mesure approximative du pH de votre terrain.

- pH inférieur à 7 : terre acide.
- pH égal à 7 : terre neutre.
- pH supérieur à 7 : terre calcaire.

En règle générale, les fleurs et les légumes apprécient un pH légèrement inférieur à 7. Toutefois, certaines plantes qui ne supportent pas le calcaire exigent un pH inférieur à 6.
Sur un sol trop acide, la plupart des légumes sont sujets aux maladies et pourritures. Quant à votre pelouse, si elle est implantée sur une terre au pH inférieur à 6,5, elle sera rapidement envahie par la mousse.

Épandre de l'engrais : pourquoi et comment

Engraisser la terre régulièrement, mais parcimonieusement. Un potager dont la terre n'est jamais nourrie (on dit aussi « amendée », « fumée » ou « engraissée ») s'épuise d'année en année, et ses rendements décroissent. Sous-alimentées, les plantes y poussent mal, attrapent des maladies et ne résistent ni aux hivers ni aux périodes de sécheresse. Il faut donc fertiliser régulièrement votre terre.
Cependant, attention : les excès sont encore plus néfastes que les carences. Le surdosage d'engrais peut provoquer une véritable « indigestion » chez une plante et causer sa perte définitive. Soyez parcimonieux.

De l'engrais, oui, mais naturel ! Il n'est pas nécessaire d'avoir recours à la chimie industrielle pour amender sa terre. Cultiver son potager sans engrais de synthèse, c'est possible ! Vous pouvez utiliser le compost issu de vos déchets verts (tontes de gazon, broussailles...) ou acheter des engrais organiques d'origine animale (guano marin, arêtes de poissons, sang séché...), végétale (goémon, tourteau de ricin, vinasse de betterave...), ou minérale (gisements naturels de roches broyées). Respectueux de l'environnement, ils améliorent la structure du sol tout en préservant les micro-organismes. Ils aident les plantes à assimiler les éléments fertilisants en réserve dans la terre.

Mode d'emploi. Les engrais bio doivent être minéralisés, c'est-à-dire « digérés » par le sol pour devenir disponibles pour les plantes. Il est donc préférable de les épandre environ deux mois avant les semis ou les repiquages. Toutefois, vous pouvez parfaitement effectuer l'épandage au dernier moment. Il faudra simplement veiller à ne pas enfouir l'engrais au-delà d'une profondeur de 10 à 15 cm lorsque vous travaillerez le sol.
Si vous optez pour un épandage en surface, complétez l'opération en griffant à l'aide de votre croc. Après l'application de l'engrais, arrosez copieusement pour bien en imprégner la terre.

Quel engrais pour quels symptômes ?

Si vos plantes se montrent fragiles ou rachitiques, c'est peut-être qu'elles souffrent des carences du sol. Vous trouverez ci-dessous toute une gamme d'engrais naturels à appliquer en fonction des symptômes, avec les dates d'épandage et les quantités à appliquer.

Carence en azote.

L'azote (symbole chimique : N) favorise le démarrage et la croissance des plantes. Il accélère la pousse du gazon. Symptômes de la carence en azote : jaunissement précoce des feuilles à partir des nervures avec blanchiment du limbe; les feuilles tombent prématurément; manque de jeunes pousses et de vigueur des plantes.

- **Poudre de corne torréfiée.** Origine animale, action progressive et durable, sans risque de brûlure pour les racines. L'azote organique se libère lentement et nourrit la plante tout au long de son cycle végétatif. Période d'utilisation : de février à juin et de septembre à novembre. Dose : 75 g/m², soit deux petites poignées.
- **Sang desséché.** Origine animale, action rapide et durable, sans risque de brûlure pour les racines. L'azote agit sur la croissance et la couleur du feuillage. Période d'utilisation : de mars à juin. Dose : 75 g/m², soit deux petites poignées.

Carence en phosphore.

Symptômes de la carence en phosphore (symbole chimique : P) : les feuillages deviennent vert foncé tirant sur le bleu, avec jaunissement et dessèchement des feuilles; floraison défectueuse des pois et haricots; le verger fructifie mal, les fanes de pommes de terre restent chétives.

- **Farine d'arêtes de poissons.** Origine marine, stimule la biologie du sol et agit sur la croissance des racines. Action progressive et durable sans risque de brûlure. Le phosphore et l'azote favorisent la croissance, la précocité et la résistance au froid, aux maladies et aux insectes. Convient pour tous types de sols, même calcaires. Période d'utilisation : d'octobre à mars. Dose : 100 g/m², soit deux poignées.
- **Phosphate naturel.** Origine minérale, recommandé pour un sol acide et peu calcaire. Dans tout autre cas, préférer la farine d'arêtes de poissons. Dose : 20 à 40 g/m².

Carence en potasse.

La potasse (symbole chimique : K) est nécessaire pour la formation des racines et tubercules. Elle intensifie la coloration des feuilles, des fleurs et améliore la saveur des fruits. Symptômes de la carence en potasse : tiges et feuilles molles, fanes de pomme de terre brunissant prématurément, pois et haricots donnant peu ; les légumes se conservent mal et les arbres fruitiers se dégarnissent tôt.

• **Patentkali.** Origine minérale, soluble, convient pour tous les sols. À n'utiliser qu'en cours de végétation. Période d'utilisation : de février à novembre. Dose : 20 à 40 g/m².

• **Potasse organique.** Issu de vinasse de betterave, engrais végétal naturel en poudre, facile à mélanger. Période d'utilisation : de février à novembre. Dose : 20 à 30 g/m².

ASTUCE DE PRO

LES BIENFAITS DES ORTIES DANS LE POTAGER !

On ne le croirait pas, mais les orties sont une bénédiction pour le potager ! Ne vous contentez pas de les arracher : réemployez-les pour donner un coup de fouet à vos plantes. Riche en fer, l'ortie regorge d'oligoéléments comme la silice et la potasse qui contribuent à donner aux feuillages une belle couleur vert foncé. Les pieds de tomates que vous cultivez sur un sol enrichi aux orties broyées sont plus résistants aux maladies *(voir partie 2, Les légumes-fruits)*.

• **Fabriquer du purin d'orties.**

Recyclez dans votre jardin les orties que vous avez défrichées en fabriquant du purin d'orties qui vous servira à enrichir votre terre.

Dans un bac en plastique rempli de 10 litres d'eau, faites tremper 1 à 2 kg d'orties fraîches ou 100 g d'orties sèches. Couvrez et laissez macérer une quinzaine de jours, un peu moins longtemps si le climat est chaud. Remuez de temps en temps.

Ensuite, vous pourrez mélanger le purin d'orties à votre eau d'arrosage. Selon les cultures, la dose d'utilisation va de 0,5 litre à 2 litres de solution mère pour 10 litres d'eau.

• **Utilisation.**

- Une journée avant un semis, arrosez la terre avec du purin d'orties : 2 litres de purin d'orties pour 10 litres d'eau à épandre sur 30 m².
- Sur de jeunes plants, réalisez deux pulvérisations foliaires à une semaine d'intervalle, puis répétez l'opération deux fois par mois : 0,5 litre de purin d'orties pour 10 litres d'eau de pluie à épandre sur 120 m².
- Pendant et après le repiquage, arrosez à chaque pied, deux fois à une semaine d'intervalle : 2 litres de purin d'orties pour 10 litres d'eau de pluie à épandre sur 120 m².

3

DÉMARRER UN COMPOST

Le compostage est une forme écologique et astucieuse de traiter les déchets verts. Le compost fait maison permet de rendre à la terre les éléments qui y ont été puisés.

Comment faire ?

Vous pouvez installer votre compost à l'air libre ou le confiner entre plusieurs palettes de récup'. Dans le commerce, vous trouverez des composteurs entre 50 € et 300 € selon la taille et la qualité des matériaux utilisés.
Installez de préférence le tas de compost à l'ombre, sous un arbre par exemple, dans un coin discret de votre jardin. S'il est trop visible, vous pouvez le cacher avec une cannisse en bambou (ou tout autre type de clôture) sur laquelle vous ferez grimper des fleurs (capucines, ipomées, coloquintes...). Vous pouvez également l'enfermer dans un coffrage de planches.

Commencez votre tas en faisant un lit de petites branches issues de tailles. Ensuite, tout ou presque y passe : laitues montées en graine, herbes indésirables, mousse scarifiée, épluchures, feuilles mortes, coquilles d'œufs...
Si vous possédez un broyeur à végétaux, vous pouvez y déposer les arbustes épineux préalablement broyés. Si vous avez la possibilité de récupérer du fumier frais (bovins, chevaux, moutons...), n'hésitez pas à le mélanger avec vos propres déchets.
Accélérez la décomposition du compost en le remuant de temps en temps. À l'intérieur du tas, les lombrics digèrent et transforment les déchets verts en un excellent amendement naturel.

Attention, le compost n'est pas une décharge !

On ne peut pas tout y mettre. Papiers et autres déchets industriels vont à la poubelle, pas au compost. Évitez aussi les fanes de pommes de terre, de tomates et de poireaux, qui risquent de propager des maladies dans votre jardin. Avant de les ajouter au compost, laissez dessécher au soleil les racines de chiendent et de liseron extraites lors du sarclage.

Au bout de combien de temps un compost est-il utilisable ?

Lorsque vous créez votre compost, il faut compter quatre à six mois avant de pouvoir l'utiliser pour enrichir votre terre. Il faut laisser à la faune des petits animaux et micro-organismes le temps de s'activer. Pour affiner pleinement ce compost, conservez-le encore quelques mois en dehors du silo. Ainsi, la qualité de l'humus obtenu sera constante.
Si votre tas de compost a plus d'un an, deux à trois mois d'attente seront suffisants pour pouvoir utiliser ce que vous y avez déposé. Plus la maturité d'un compost est grande, plus ses vertus nutritives sont importantes. Ses qualités seront plus affirmées si vous le tamisez avec un grillage ou un tamis.

Les doses à employer (semis et repiquage).

- **Tomate, cornichon, pomme de terre, chou, céleri, asperge, maïs, rhubarbe :** 10 à 15 litres par mètre carré.
- **Salade, chou-rave, radis, fenouil, betterave rouge, bette, salsifis, persil :** 5 à 10 litres par mètre carré.
- **Épinard, mâche, chicorée, carotte, oignon, poireau, petit pois, haricot :** 3 à 5 litres de compost bien mûr par mètre carré.

4 DÉSHERBER SANS HERBICIDE

Dans un potager, le désherbage n'est pas une mince affaire. Plutôt que de vous arracher les cheveux ou d'avoir recours à la chimie de synthèse, faites preuve de bon sens et retenez ces quelques astuces...

Le faux semis.
Le faux semis consiste à tromper les mauvaises graines en favorisant leur montée avant de semer. Pour réaliser ce tour de passe-passe, préparez la terre comme pour un vrai semis, mais ne semez pas. Dès que les herbes indésirables lèvent, vous les éliminez en passant votre griffe sur la terre. Au bout de quelques heures au soleil, les jeunes plantules déracinées sont détruites. Le lendemain, la terre est prête à recevoir les bonnes graines.

Biner entre les rayons.
Utilisez la binette qui aère la surface du sol et empêche la croûte de se former. Elle se faufile entre les fleurs et les légumes sans les abîmer, coupe les mauvaises herbes sans les déraciner et favorise la pénétration de l'eau d'arrosage.
Servez-vous de cet outil dès le printemps, lorsque la terre sèche entre les rangs. Vous renouvelez l'opération chaque fois que de jeunes plantules lèvent. Binez les indésirables avant qu'elles ne fleurissent, le matin de préférence pour que le soleil les grille durant la journée.

Pailler.
Le paillis empêche la levée des mauvaises herbes grâce à l'épaisseur de sa couverture qui varie entre 3 et 5 cm. Les mauvaises herbes sont étouffées ou ne réussissent pas à passer à travers. On paille au pied des tomates, concombres, fraisiers... Dans le commerce, on vous propose différents matériaux comme la paillette de lin ou chanvre. La paille, les feuilles de fougères sèches, les tontes de gazon sont les paillis les plus économiques,

pour peu qu'on en ait à portée de main *(voir partie 2, Des techniques que vous allez utiliser)*.

Les plantes « nettoyantes ».

Dans le potager, semez et plantez des légumes dits nettoyants comme les haricots, les pommes de terre ou le maïs doux. Grâce à leur feuillage foisonnant, ils limitent la prolifération des mauvaises herbes sur la parcelle.

La moutarde blanche produit une masse importante de feuillage. Elle permet de lutter contre les adventices. Au printemps ou en été, semez les graines à la volée et retournez la moutarde dans le sol avant la floraison.

Les haricots verts étouffent les autres plantes et enrichissent la terre où ils poussent. Vous pouvez les semer jusqu'à la fin juillet. Ils se récoltent 60 jours après le semis.

Des astuces naturelles.

• Au pied des framboisiers et groseilliers, déversez les tontes de gazon.

• Pour éviter la pousse de mauvaises herbes sur allées gravillonnées, versez-y l'eau de cuisson de vos légumes bouillante salée.

• Sur les bords du potager, utilisez un désherbeur thermique spécial jardin.

• Étalez une bâche noire sur une parcelle du potager. L'action de la chaleur dans l'obscurité détruit les mauvaises herbes au bout de deux à trois semaines.

5

LUTTER CONTRE LES NUISIBLES

Quand le remède est pire que le mal : les produits chimiques

Les escargots et les limaces sont un véritable fléau pour le potager. Pour les tenir en respect, on trouve dans le commerce de nombreux produits chimiques. Hélas, ces poisons sont toxiques pour les animaux domestiques et très dangereux pour les enfants. Au fil des ans, ils ont également détruit un très grand nombre de hérissons.

Cependant, il existe un produit naturel à base de fer qui n'induit aucune pollution et épargne hérissons, lombrics, oiseaux, ainsi que vos chiens et vos chats ! Vendu sous le nom de Ferramol, ce produit évite jusqu'aux traces de bave sur les légumes et peut être employé jusqu'à la récolte.

Des astuces naturelles pour chasser les limaces et escargots

• Épandez sur vos plantes une décoction de feuilles de cassis (de l'eau où vous avez fait bouillir les feuilles) pour en cacher l'odeur.
• Placez des appâts qui attireront les limaces. Lorsqu'elles s'y rassemblent, il ne vous reste plus qu'à les détruire ou les éloigner. Rondelles de courge, demi-pamplemousses évidés, pots de yaourts ou conserves à moitié remplis de bière sont de véritables pièges à limaces. Vous pouvez également poser une vieille planche ou un sac en jute sur le sol, sous lesquels les limaces viendront s'abriter en journée.
• Les limaces apprécient l'herbe fraîchement coupée : après la tonte de votre pelouse, à la tombée de la nuit, c'est l'occasion de faire une razzia.

• Fabriquez des barrières sèches avec de la sciure de bois, aiguilles de pin, fougères, poudre d'algues calcaires. Attention, après plusieurs jours de pluie, les barrières cessent d'être efficaces.
• Les limaces détestent la moutarde, le persil, le trèfle, le cerfeuil, les capucines, les bégonias. Protégez vos plantes sensibles en les encerclant avec ces jolis répulsifs !

Favoriser les prédateurs naturels

Le potager est un havre de paix, ne le transformez pas en terrain de chasse ! Inutile de tirer à vue sur tout ce qui bouge, vos amis les auxiliaires luttent contre les envahisseurs : araignées, crapauds, rats, taupes, fourmis et oiseaux se nourrissent de larves et d'insectes. Songez qu'un couple de mésanges capture 30 kg de chenilles par an pour nourrir ses oisillons ! Ne confondez pas la musaraigne avec une souris : ce petit mammifère consomme son poids par jour en insectes et vers blancs ! Vous pouvez également compter sur les coléoptères, les punaises, les rainettes, les couleuvres, les lézards, et même sur les rapaces et les chauve-souris !
Les canards, quant à eux, raffolent des limaces dont ils peuvent manger des quantités incroyables. Un lâcher de palmipèdes dans votre jardin et le voilà nettoyé des gastéropodes. Seul problème : les canards sont aussi très friands de légumes et de fleurs...

BON À SAVOIR

LE HÉRISSON, UN HÔTE DE QUALITÉ
Le principal prédateur des limaces et escargots est sans conteste le hérisson. Malheureusement, ce petit mammifère souffre énormément de nos modes de vie contemporains : écrasés par les voitures, noyés dans les piscines, empoisonnés par les granulés à limaces ou les insectes contaminés par des insecticides, chassés par la disparition des haies, du bocage ou des bosquets... ils disparaissent en masse !
Pour lutter contre les limaces et escargots, vous serez donc bien inspiré de faire de votre jardin un havre pour hérissons. Plantez des haies champêtres (en évitant les thuyas, qui n'offrent pas un bon abri) et fabriquez des refuges avec des feuilles mortes sous les tas de bois. Aménagez de petits trous au bas de votre clôture (10 cm suffisent) pour laisser passer les hérissons. Ne brûlez jamais vos tas de feuilles sèches en hiver. Ne dérangez jamais les nids de hérissons. Si vous avez un bassin, ménagez-y un accès en pente douce pour éviter les noyades. En cas de fortes chaleurs, donnez à boire aux hérissons : de l'eau, jamais de lait.

6 TECHNIQUES ET MATÉRIEL POUR AVANCER LA SAISON

Châssis et autres serres vous permettent de défier les saisons et de mettre en nourrice les légumes comme les tomates, melons, concombres et autres courges à une époque où le gel les menacerait si vous les plantiez directement en pleine terre. Ces quelques semaines d'avance vous permettront d'échelonner vos semis et de prolonger la récolte.

Couche chaude sous châssis

À quoi ça sert ?

La couche chaude est un moyen extraordinaire d'avancer les récoltes sans augmenter la facture énergétique, en utilisant la chaleur naturellement produite par la matière organique en décomposition. Fumier, tontes de gazon, sciure, paille en décomposition, tout cela chauffe énormément en quelques jours à peine, au point qu'on se brûle en glissant la main à l'intérieur du tas !
Tout ce que vous cultiverez sur une couche de fumier bien tassée et à l'abri de l'air froid bénéficiera d'une bonne chaleur, à une saison où rien encore ne peut pousser naturellement. En avançant vos semis, vous avancez votre récolte. C'est aussi simple que ça !

Le châssis est une mini-serre basse avec un encadrement installé dans le sol, coiffé d'une fenêtre qu'on peut ouvrir ou fermer comme un capot de voiture. On l'installe au-dessus de la couche chaude. Les jeunes pousses s'y développent à l'abri du froid tout en bénéficiant de la lumière du soleil. C'est ainsi que vous créez vos propres plants (tomates, laitues, choux, céleri…), que vous repiquerez ensuite dans le potager lorsque les gelées ne seront plus à craindre. C'est plus de plaisir et moins de dépenses que d'acheter les plans tout faits, même si vous pouvez parfaitement vous contenter de cette autre solution.

Comment fabriquer un châssis ?

Dans les magasins d'articles de jardin, vous pouvez acheter des châssis complets, mais il est nettement moins onéreux (et plus satisfaisant !) de les fabriquer soi-même.

Dimensions standard : 1,40 cm (profondeur) x 100 cm (largeur) pour une hauteur de 35 à 45 cm.

1. Choisissez un endroit stratégique de votre jardin où votre châssis bénéficiera d'un ensoleillement suffisant dès la fin de l'hiver.
2. Étendez régulièrement votre tas de fumier par couches successives tout en le tassant. Il faut qu'il soit le plus compact possible sur une épaisseur d'au moins 30 cm.
3. Arrosez copieusement le tas, surtout si vous utilisez du fumier très pailleux.
4. Assemblez un carré de jardin à l'aide de planches de 30 à 40 cm de largeur.
5. Installez le coffre sur votre couche de fumier en vous arrangeant pour l'incliner du côté sud. Ensuite, vous complétez l'installation en posant par-dessus le coffre un châssis qui laissera passer la lumière. Les châssis en vente dans les magasins de jardinage sont désormais garnis de vitres en polycarbonate et non plus en verre. Ce qui est une bonne chose pour d'évidentes raisons de sécurité, notamment lorsqu'il y a des enfants. Si vous êtes bricoleur, vous pouvez également décider de fabriquer le châssis vous-même.
6. Tapissez le sol du coffrage d'une couche de 10 cm de bonne terre de jardin (prenez garde de bien en retirer les racines de chiendent et de liseron), puis complétez par une couche de 5 cm de terreau universel.

Il ne vous reste plus qu'à semer en ligne dans le châssis vos radis, salades, choux, poireaux puis les fleurs et tomates et plus tard les cucurbitacées (cornichon, concombre, melon, potiron).

À partir de la seconde année, on se sert du fumier composté de l'année précédente pour reconstituer la couche en début de saison.

Repiquage en godet

Le repiquage en godet permet d'assurer une meilleure croissance à de jeunes pousses que vous avez démarrées sous abri (sous un châssis par exemple). Renforcés par cette technique, les jeunes plants reprendront plus facilement lors de leur installation en pleine terre. Quand les pousses possèdent quelques feuilles (selon les espèces), vous les arrachez pour les installer dans de petits godets où ils attendront patiemment (et en poussant !) que la saison s'installe et que les gelées ne soient plus à craindre.

On repique habituellement en godet les tomates, melons, concombres, cornichons, potirons et courges. Pour que l'opération réussisse, il est important d'employer un terreau de bonne qualité. Un terreau horticole et universel peut convenir, mais vous augmentez vos chances de succès en utilisant un terreau semis et boutures, légèrement plus cher. N'hésitez pas à mettre votre sac de terreau à la chaleur dans les jours précédant le repiquage : cela aidera les pousses à reprendre.

Godets en plastique.
Les godets en plastique vendus dans le commerce mesurent de 7 à 8 cm de diamètre. Vous pouvez réutiliser ceux dans lesquels vous avez acheté d'autres plants. S'ils sont abîmés, superposez-en deux. Des pots de yaourt percés ou des boîtes à œufs vides peuvent parfaitement faire l'affaire.

1 Remplissez des godets avec du terreau à semis ou universel, sans le tasser. Arrosez délicatement en évitant le ruissellement, puis laissez reposer une heure.

2 Soulevez délicatement les jeunes plants à transférer avec une fourchette, pour récupérer le maximum de racines. Pendant cette opération, évitez de tenir la tige : mieux vaut attraper les plantes par les feuilles.

3 Faites un trou dans le terreau avec un crayon (si la terre colle, attendez encore quelques minutes). Enfilez-y tout droit la racine de la jeune plante.

4 Tassez légèrement pour reboucher la cavité et arrosez sur les feuilles. Cet arrosage permet au terreau d'adhérer aux racines.

Il peut être astucieux de poser un voile de forçage sur votre repiquage : il facilitera la reprise des pousses.
Dans un premier temps, arrosez en pulvérisant de l'eau tiède (20 °C minimum) sur les plantes avec un vaporisateur. Un simple petit brouillard suffit pour hydrater les feuilles. Arrosez de préférence le matin.
En début de culture, laissez les godets collés les uns aux autres. Lorsque les plantes se développent, distancez-les afin que leurs feuilles ne fassent que se frôler. Les plantes repiquées peuvent tenir plusieurs semaines en godet en attendant les beaux jours.

Godets en tourbe biodégradable.
Vendus sous le nom de Jiffy-pot, les godets en tourbe se composent de 50 % de tourbe ainsi que de cellulose et de chaux. Poreux, le pot est facilement pénétré par l'eau, l'air et les racines. Son avantage est qu'il vous permet de mettre les plantes en terre sans les dépoter, et donc sans risquer de les abîmer. Les racines passent au travers du pot, qui se dégrade au bout de quelques semaines. Pour le reste, la technique est la même qu'avec des godets en plastique.

Mini-serre

Très adaptées aux semis de tomates avant repiquage en pleine terre, les mini-serres en plastique s'achètent dans toutes les jardineries à partir de 35 € environ. On les remplit de terreau avant d'y déposer des semis qui pousseront à l'abri, éventuellement à l'intérieur.
Certains modèles comportent une petite résistance électrique qui permet de maintenir la chaleur à l'intérieur de la serre. Vous pouvez fabriquer ce dispositif vous-même en utilisant un cordon chauffant pour terrarium qu'on trouve dans les animaleries.
Au rayon récup', vous pouvez aussi utiliser une caisse à poisson en polystyrène ou des emballages comme des boîtes à gâteaux ou à œufs, munis d'un couvercle en plastique translucide.

Tunnel en plastique

Le tunnel en plastique est une autre façon de démarrer la saison plus tôt et de faciliter la croissance des légumes dans le potager, quand le climat est encore frais et que les gelées du matin sont fréquentes.
De conception simple, il est composé d'une bâche en plastique et d'une série d'arceaux qui la maintiennent en place comme une tente. Il vous permet de protéger vos semis les plus fragiles, notamment les laitues et les radis.
Une fabrication maison vous reviendra plus cher que l'achat d'un kit complet en magasin.
Dimensions standard : 250 cm x 50 cm pour une hauteur de 35 à 40 cm.

BON À SAVOIR

UN TUNNEL OU UNE SERRE OÙ L'ON TIENT DEBOUT
Il existe des tunnels de plus grande dimension, qui peuvent très bien être installés dans un petit jardin. Grâce à leur hauteur, ils peuvent accueillir les pieds de tomates adultes ainsi que les concombres, poivrons, aubergines... Comme dans une serre agricole, vous vous mettez carrément à l'intérieur pour soigner votre potager. Vous pouvez y jardiner par tous les temps, sauf en cas de tempête.

Serre rectangulaire

Toujours sur le même principe, mais en plus grand et plus durable, il y a la serre rectangulaire. Elle possède quatre côtés, un toit à deux versants, une porte coulissante et une ou plusieurs lucarnes d'aération en fonction de sa taille.
Dimensions habituelles : 3 m² avec une hauteur faîtière de 2 m.

L'installation d'une serre rectangulaire vous permet de cultiver des tomates comme dans un tunnel et de prolonger les récoltes en automne. La serre peut être installée dans un jardin sur une pelouse. Prévoyez de la fixer au sol : relativement légère, elle risque de bouger en cas de vent fort.

7

MOISSONNER SES GRAINES

En récoltant vous-même vos graines, vous ferez des économies et maîtriserez le cycle complet de reproduction de vos légumes.

Bilan et sélection.
Au cœur de l'été, sélectionnez vos plantes les plus résistantes, celles qui ont bravé les intempéries en restant en pleine forme. Choisissez les plus beaux légumes : tomates goûteuses et sucrées, jamais malades, salades qui ne montent pas, courges non coureuses, potirons, mâches, radis, melons…
Ne sélectionnez pas les plantes hybrides (information figurant toujours sur les paquets de graines). Si vous étiez satisfait des résultats, vous risquez d'être déçu l'année prochaine. Chez les légumes hybrides, les enfants ne ressemblent pas aux parents. Les semences ne se bonifient pas de génération en génération.

ATTENTION !

MÉFIEZ-VOUS DES PLANTES QUI S'ACOQUINENT !
Les cucurbitacées ont la fâcheuse manie de se féconder entre elles. Mieux vaut donc ne pas sélectionner les plantes installées trop près les unes des autres. Vous risquez de vous retrouver avec des concombres amers ou des melons au goût de coloquinte…

Méthode.
1. Sélectionnez les plus beaux pieds et ramassez vos graines lorsqu'il fait sec.
2. Faites sécher les graines dans un endroit aéré puis triez-les en vérifiant qu'il n'y a pas d'insectes.
3. Déposez les graines dans une enveloppe ou un bocal en verre en notant le nom, la variété, la couleur, le goût…
4. Entreposez les graines dans un endroit frais et sec, un garage par exemple. Ne les conservez pas dans une pièce chauffée, cela perturberait leur germination. Si vous n'avez pas le choix, passez vos graines au réfrigérateur quelques jours avant le semis.

Vous pourrez semer vos graines à partir du printemps prochain !

GLOSSAIRE

A

Amendement. Amélioration du sol grâce à des fertilisants.

Ameublir. Rendre une terre plus meuble en cassant mottes et croûtes.

B

Bêche. Lame tranchante fixée au bout d'un manche pour pénétrer, soulever et retourner la terre.

Biner. Ameublir la surface de la terre.

Biofourche. Voir Grelinette.

Blanc d'eau. Arroser à blanc d'eau consiste à arroser la terre jusqu'à ce qu'elle ne puisse plus absorber l'eau.

Butter. Ramener la terre en petites buttes, notamment autour du pied d'une plante ou pour y déposer un semis.

Bouture. Fragment de plante qu'on met en terre ou dans l'eau afin qu'il se régénère pour former une nouvelle plante.

Bouture de tête. Bouture effectuée avec l'extrémité d'une tige, portant des feuilles et/ou des fleurs.

C

Châssis. Coffrage surmonté d'une sorte de fenêtre vitrée où l'on fait démarrer des semis à l'abri du froid, sur une couche chaude.

Compost. Engrais fabriqué maison, où des débris organiques mélangés à des matières minérales se décomposent et fermentent.

Cordeau. Petite corde que l'on tend entre deux points pour obtenir une ligne droite.

Couche chaude. Couche de fumier en décomposition sur laquelle on fait démarrer certains semis avant la saison, à l'abri d'un châssis.

Croc. Voir Griffe.

D

Défricher. Déboiser et débroussailler un terrain pour le rendre cultivable.

F

Fourche à fumier. Fourche à longues dents utilisée pour transporter le fumier, la paille, les grandes herbes.

Fourche bêche. Outil à dents utilisé pour ameublir les sols lourds, difficiles à travailler.

G

Géotextile. Toile synthétique non toxique et respectueuse de l'environnement qui permet de séparer les couches de sol et d'en assurer la stabilisation.

Godet. Petit pot en plastique ou en terre compressée où les jeunes plants se développent avant d'être repiqués en terre.

Gourmand. Tige secondaire d'une plante qui court sur le sol et s'enracine pour produire un nouveau pied.

Goutte-à-goutte. Système d'arrosage par tuyaux, économique en eau, facile à installer et pouvant être automatisé.

Grelinette. Également appelé biofourche, cet outil à dents sert à aérer une terre cultivée sans labour préalable.

Griffe. Outil de jardinage servant à retourner et décroûter la surface de la terre.

J

Jiffy-pot. Godet en tourbe compressée contenant un plant à repiquer, qu'on implante directement en pleine terre sans dépoter.

L

Levée. Germination des graines et apparition des jeunes pousses à la surface de la terre.
Ligne. Voir Rang.
Louchet. Bêche à lame étroite et allongée.

M

Marcottage. Technique de multiplication des plantes : on enterre une tige afin de lui faire prendre racine.
Motobineuse. Petit engin agricole pourvu de fraises et d'un guidon, qu'on utilise notamment pour labourer.
Motoculteur. Comme une motobineuse, le motoculteur possède des fraises pour labourer, mais elles peuvent être remplacées par des roues pour tracter une charrue.
Multiplication. Reproduction artificielle des végétaux par bouturage, marcottage...

P

Paillis. Couche de paille qu'on installe autour des pieds des plantes afin de conserver l'humidité du sol et d'éviter la pousse des herbes indésirables.
Pépinière. Espace où l'on cultive de jeunes plants destinés à être repiqués ailleurs.
pH. Potentiel d'hydrogène. Indice chimique qui mesure l'acidité, notamment celle du sol.
Plant. Jeune pousse destinée à être repiquée, éventuellement achetée en godet en jardinerie.
Plantoir. Outil servant à faire un trou dans la terre avant d'y semer des graines ou d'y implanter une jeune pousse.
Pomme d'arrosage. Embout qui transforme le jet d'un arrosoir en pluie fine, comme un pommeau de douche.

R

Racine nue. Se dit des légumes qu'on repique avec leurs racines dépourvues de motte.
Rangs. Alignements de plants qui se succèdent sur une surface cultivable, comme des rangs de fauteuils dans une salle de cinéma. On dit aussi rangées, lignes ou rayons.
Règle de semis. Outil servant à semer droit et à mesurer l'écart entre les rangs.
Repiquage. Technique de plantation qui consiste à mettre en terre de jeunes pousses (plants) achetées en godet ou cultivées à l'abri (en pot, en terrine...).
Ressuyée. Se dit d'une terre qu'on a bien laissé sécher.
Rotation des cultures. Technique qui permet de préserver la fertilité de la terre en cultivant chaque année une espèce différente sur une même parcelle.

S

Sarcler. Retourner la surface de la terre pour se débarrasser des mauvaises herbes.
Semis à la volée. Dispersion des graines sur un sol, en les espaçant le plus possible.
Semis en ligne. Le semis s'effectue sur un sillon ou une butte droite, avec un espacement différent selon les espèces.
Semis en poquet. On creuse de petits trous où l'on dépose un petit nombre de graines.
Semoir à graines. Petit outil à main permettant de semer avec précision des quantités mesurées.
Serfouette. Outil de jardinage doté d'une fourche et d'une lame servant à biner, sarcler, ameublir la terre.
Stolon. Voir Gourmand.

T

Terreau. Mélange de terre et de matière organique décomposée servant à la fois d'engrais et de terre de semis.
Transplantoir. Outil servant à transplanter les pousses.

V

Voile d'hivernage ou de forçage. Voile d'étoffe synthétique légère qu'on dispose sur les plants pour les protéger du froid, mais qui laisse passer la lumière et l'humidité.

TABLE DES MATIÈRES

PARTIE 3
POUR ALLER PLUS LOIN

Un projet 109 *(www.109-cabinet-de-recherche-editoriale.fr)*

ISBN : 978-2-7540-3815-7
Dépôt légal : mars 2012
Imprimé en Italie par Lego

Idée originale : Dan Nisand et Manon Bucciarelli
Apporteur d'ouvrage : Mickaël Grall
Directeurs de collection : Dan Nisand et Manon Bucciarelli
Conception graphique : Manon Bucciarelli
Correction : Jacqueline Rouzet
Illustrations : Vanessa Corlay

Nous nous efforçons de publier des ouvrages qui correspondent à vos attentes et votre satisfaction est pour nous une priorité. Alors, n'hésitez pas à nous faire part de vos commentaires :

Éditions First
60, rue Mazarine
75006 Paris – France
e-mail : firstinfo@efirst.com
Site internet : www.editionsfirst.fr